賛否両論 笠原将弘

超・鶏大事典

KADOKAWA

はじめに

　前作『鶏大事典』を世に出してから、2年ほどの月日が流れた。各方面からお褒めの言葉もいただき、自分的にもかなりの達成感があり、鶏料理に関してはもうやり尽くしただろうと感じていた。天国の親父も喜んでくれているだろうと思っていた。

　年々仕事が忙しくなり、おかげさまで世界各国にも料理の仕事で訪れるようになった。韓国、香港、上海、台湾、シンガポール、グアム、サンフランシスコ、ロンドン、パリ、スペイン……各地でいろいろな味に出会った。そこで俺は、世界中どの国にも鶏料理がある事実に気づかされた。まだまだ知らなかった鶏料理たちがさまざまな表情で俺に襲いかかってきた。鶏料理はもうほとんど極めたと思っていた自分はなんと愚かだったのか！　体中に電流が走るような衝撃だった。お前はまだ鶏の何も分かっていない‼　天国の親父にもあざ笑われているかのようだった。俺は何をしていたんだ‼　鶏よ許してくれ‼

　こうして新たな鶏料理の旅が始まった。

　『超・鶏大事典』。この本には現時点で俺の鶏料理のすべてを詰め込んだつもりだ。鶏料理界の伝説の一冊になってくれればいいと思いを込めて作り上げた作品である。

　世界中の鶏肉好きの方々に愛を込めて。

2019　春　鳥貴族のカウンターにて

賛否両論　笠原将弘

目次

はじめに 2

第1章
鶏むね肉 8

・鶏むね肉の調理ポイント 9

笠原風 サラダチキン 10
サラダチキン 春菊サラダ 12
サラダチキン 赤玉ねぎパプリカサラダ 13
サラダチキン 黄身酢がけ 14
サラダチキン ガリきんぴらあえ 15
サラダチキン ししとうじょうゆがけ 15
サラダチキン グレープフルーツいちごマリネ 16
鶏のみそ漬け 17
鶏せんべい 18
手綱揚げ 19
のり巻き揚げ 20
コーンフレーク揚げ 22
かき揚げ 23
鶏ゴーヤーチャンプルー 24
鶏ごぼう黒酢炒め煮 25
鶏じゃがせん切りカレー炒め 26
鶏にら炒め 28
鶏レタス炒め 29
鶏なす大葉炒め 30
鶏チリ 32
鶏むね治部煮 34

第2章
鶏もも肉 36

・鶏もも肉の調理ポイント 37

鶏もも鬼唐揚げ 38
鶏唐 香り野菜風味 塩レモン添え 40
鶏唐 シナモン風味 バナナ添え 41
鶏唐 みそ風味 42
鶏唐 長芋おろし 43
チキン南蛮 いぶりがっこタルタル 44
チキン南蛮 らっきょうカレータルタル 46
チキン南蛮 梅塩昆布タルタル 47
チキンカツ 和風デミソース 48
八幡巻き 万能ねぎ 50
八幡巻き ごぼう山椒だれ 52
八幡巻き 春菊ごまあえ 53
八幡巻き 梅じそみょうが 54
八幡巻き 赤パプリカトマトソース 56
八幡巻き セロリ 白ワインバターソース 57
鶏ハム 58
鶏豆腐 60
鶏大根塩煮 62
鶏かぼちゃ田舎煮 64
鶏けんちん汁 65
鶏みそ煮込み 66
鶏二身焼き 68
鶏もも 南蛮焼き 70
鶏飯 72
きじ焼き丼 73
チキングラタン 74
シンガポール風 チキンライス 76

第3章
丸鶏 78

- もも肉を切り分ける　79
- むね肉を切り分ける　80
- ささみ肉を切り分ける　80
- 軟骨、はらみ（横隔膜）、せせり、ぼんじりを切り分ける　81
- 丸鶏を切り分けたもの　82
- 丸ごと煮る　83
- 詰め物をする　83
- 脚はまとめる　83
- 丸ごと焼く　83
- 鶏ガラだしのとり方　83

和風参鶏湯　84

清湯スープ　86

白湯スープ　87

ローストチキン　88

スタッフドチキン　90

第4章
鶏手羽先、手羽元 92

- 手羽の種類　92
- 水で洗う　93
- 手羽先を定番のチューリップにする　93
- 手羽先を関西風チューリップにする　94
- 手羽元をチューリップにする　94
- 手羽先を袋状にする　94
- 手羽先の先でスープをとる　95

チューリップ唐揚げ　96

関西風チューリップ唐揚げ　96

チューリップ　とろろごろも揚げ　98

チューリップ　大葉ごろも揚げ　99

手羽元　チューリップ唐揚げ　100

手羽元　チューリップ　モッツァレラフライ　102

手羽元　チューリップ　岩石揚げ　103

チューリップ照り煮　104

手羽先　赤飯詰め　106

手羽先　お餅詰め　107

チキンスティック　108

塩蒸し　チューリップ　110

手羽南蛮漬け　112

手羽先　根菜レーズンマリネ　113

手羽先梅煮　114

第5章
鶏ひき肉 116

・鶏ひき肉の調理ポイント 117

砂肝入りコリコリそぼろ 118
しっとりそぼろ 118
そぼろきゅうり炒め 120
なす、塩昆布、そぼろ炒め 121
鶏そぼろ ぎせい豆腐 122
そぼろトマト卵炒め 124
卵白入りふわふわ炒め 125
鶏えびワンタン 126
鶏きのこしゅうまい 128
げんこつ鶏団子クリーム煮 130
鶏まん 132
鶏高菜白玉団子 134
ポテトコロッケ 136
鶏そぼろオムレツ 137
鶏豆腐カレー 138

第6章
鶏ささみ 140

・鶏ささみの調理ポイント 141

ささみ 白菜サラダ 142
ささみ 揚げごぼう万能ねぎサラダ 143
鶏わさ 144
ささみのなめろう風 146
ささみのオイル漬け 147
ささみのキムチユッケ 148
ささみとセロリのナムル 150
ささみとわかめのぬた 151
ささみといんげんの真砂あえ 152
ささみとかぶの梅あえ 152
ささみ、クレソン、ごまあえ 152
ささみアメリカンドッグ 154
ささみフライ 156
ささみのサルサソース 157
ささみの太巻き 158

第 7 章
レバー、ハツ、砂肝 160

- ・レバーの下処理　161
- ・ハツの下処理　161
- ・砂肝の下処理　162
- ・レバーの調理ポイント　163
- ・ハツの調理ポイント　163
- ・砂肝の調理ポイント　163

レバー　しょうゆ煮　164

レバー、ピーマン炒め　166

砂肝長芋炒め　167

レバーのバルサミコソテー　168

砂肝にんにく炒め　170

ハツ、もやし炒め　172

ハツ、きのこ みそ炒め　173

冷製レバニラ　174

砂肝唐揚げ　176

ハツの一口フライ　178

レバームース　180

レバーコンフィ　182

砂肝の中華風マリネ　184

砂肝、山椒しょうゆ漬け　185

ハツピータン　186

index　188

料理を始める前に

- ・大さじ1＝15ml、小さじ1＝5ml、1カップ＝200ml、米1合＝180mlです。
- ・塩は自然塩、砂糖は上白糖、みりんは本みりん、酒は日本酒を使用しています。
- ・火加減は特に表記がない限り、中火を表します。
- ・野菜は特に表記がない限り、皮をむき、種やワタを除いて使っています。
- ・水溶き片栗粉は特に表記がない限り、片栗粉を同量の水で溶いたものを使用しています。
- ・レシピ内で表している油は、特に表記がない限り、サラダ油を表します。
- ・オーブンは熱源の種類やメーカー、機種によって加熱時間が異なります。様子を見ながら加減してください。

第1章

鶏むね肉

しっとりした食感とヘルシーさで
ここ数年、人気となったむね肉。
パサつくイメージはすっかり払拭できたようだ。
ここでは、この安くておいしい、頼りになる
むね肉をさらに上級な技でおいしさに
磨きをかけるレシピを紹介していこう。
ポイントは右ページの通りだ。

◎鶏むね肉の調理ポイント

煮物

薄く片栗粉をまぶして、一枚ずつ煮汁に加えて火を通すと、表面のつるんとした食感としっとりした中の食感が楽しめる。

揚げ物

ころもは、パン粉はもちろん、コーンフレークやおせんべいのおかきをたたいたもの、米粉などいろいろなものをつけてその食感と、しっとりふわふわに揚がったむね肉を味わうといい。

そぎ切りにする

むね肉はそぎ切りにして、さっと火を通すとたいがいおいしく仕上がる。これはむね肉の基本中の基本。

たたいて薄く

むね肉をラップではさみ、上からめん棒などでたたいて薄くし、揚げることでパリッと仕上げる。

形を変えて

こんにゃくでよくする手綱を、むね肉で形づくり、揚げる。巻いた部分に空気が含まれ、よりふんわり揚げ上がる。

漬け込む1

みそ漬けにする場合は、たっぷりのみそを使うのではなく、肉のまわりにぬるくらいで十分。

漬け込む2

人気のサラダチキンはジッパー付きの食品用ポリ袋に入れてもみ込み、冷蔵庫で一晩寝かせて味をしみ込ませる。

笠原風サラダチキン

材料(2人分)
鶏むね肉…2枚(400g)
玉ねぎの薄切り…1/2個分
酒…20ml
水…20ml
A
　酒…1/2カップ
　水…1/2カップ
　だし昆布…10cm角
　砂糖…大さじ1
　粗塩…小さじ2
　しょうが汁…小さじ2
　レモン汁…小さじ2
　こしょう…小さじ1/2
　おろしにんにく…小さじ1/3

作り方
1　ボウルにAを入れ、よく混ぜ合わせる。
2　鶏肉は皮をはぎ、余分な脂や小骨を取り除いて形を整える。
3　2の両面を針でつつき、穴を開ける(写真a)。
4　1と3を食品用ポリ袋に入れてもみ込み、なるべく空気を抜いて冷蔵庫で一晩味をなじませる(写真b)。
5　4の鶏肉がちょうど入るくらいの大きさの鍋に4を汁ごと入れ、酒と水を加える。玉ねぎを散らしてふたをし、火にかける。煮立ったら弱火にし、ふたをしたまま5分ほど火を入れる。
6　5の鶏肉の上下を返し、ふたをしてさらに5分ほど火を入れてから火を止める。ふたをしたまま常温になるまでそのままおく。
7　密閉容器に汁ごと移し入れ(写真c)、冷蔵庫で保存する。食べるときに一口大に切って器に盛る。

＊　密閉容器に汁ごと入れ、冷蔵庫で5日間ほど保存可能。
＊　つけ汁はスープや鶏だしとして使うといい。

清潔な針で両面を40〜50か所くらいつついて穴を開ける。

つけ汁とともに袋に入れてしっかり味が入るように余分な空気を抜いて口を閉じる。

保存するときは密閉容器に汁ごと移し入れるのを忘れずに。

「巷で人気のサラダチキン、俺流ベーシック・スタイル完成。」

サラダチキン 春菊サラダ

材料（2人分）
笠原流サラダチキン（P.10参照）…1枚
春菊…1/2わ
塩昆布…5g
白いりごま…大さじ1
ごま油…大さじ1
一味唐辛子…少々

作り方
1　サラダチキンは手でさいてほぐす。
2　春菊は葉を摘み、食べやすくちぎる。
3　ボウルに1と2を入れ、塩昆布、白ごま、ごま油を加えて手でさっとあえる。
4　器に盛り、一味唐辛子をふる。

「春菊の苦み、時々昆布のうまみを、むね肉の甘みと交えながら。」

サラダチキン 赤玉ねぎパプリカサラダ

材料(2人分)
笠原流サラダチキン
　(P.10参照)…1枚
赤玉ねぎ…1個
A
　砂糖…大さじ1
　塩…大さじ1/2
赤パプリカ…1/2個
黄パプリカ…1/2個

B
　赤ワインビネガー…150ml
　はちみつ…大さじ1 1/2
　薄口しょうゆ…小さじ1
カシューナッツ(刻んだもの)
　…適量

作り方
1 赤玉ねぎは薄切りにしてAと合わせ、ねっとりするまでもみ込む。
2 パプリカは細切りにする。
3 1と2をBであえ、冷蔵庫で30分ほどおいて味をなじませる。
4 サラダチキンを薄切りにして器に盛り、3を適量のせてカシューナッツを散らす。

「パプリカのシャキシャキ、ナッツのポリポリのリズムをアクセントに。」

材料（2人分）
笠原流サラダチキン（P.10参照）…1枚
長芋…100g
ミニトマト…4個
万能ねぎ…3本
A
  卵黄…3個分
  酢…大さじ3
  砂糖…大さじ2
  薄口しょうゆ…小さじ2

作り方
1 ボウルにAを合わせ入れ、泡立て器で混ぜながら、湯せんにかけてもったりするまで混ぜ合わせる。そのまま冷ます。
2 長芋は5cm長さのせん切り、ミニトマトは半分に切る。万能ねぎは小口切りにする。
3 サラダチキンは薄切りにする。
4 器に3と長芋、ミニトマトを盛り、1を添え、万能ねぎを散らす。

サラダチキン 黄身酢がけ

第1章 鶏むね肉

「とろん、とろんの黄身酢をからめて、パクッと一口で。」

サラダチキンガリきんぴらあえ

材料(2人分)
笠原流サラダチキン(P.10参照)…1枚
生姜の甘酢漬け(市販のもの)…100g
ごぼう…80g
にんじん…50g
A
　酒…大さじ3
　しょうゆ…大さじ2
　砂糖…大さじ1
サラダ油…大さじ1
白いりごま…適量

作り方
1　ごぼうとにんじんは5cm長さのマッチ棒くらいの細切りにする。
2　生姜の甘酢漬けは汁けをしぼって粗く刻む。
3　フライパンに油を熱し、1と2を炒める。しんなりしたらAを加えて煮からめ、白ごまをふる。
4　サラダチキンを手でさき、3とあえる。

サラダチキンししとうじょうゆがけ

材料(2人分)
笠原流サラダチキン(P.10参照)…1枚
ししとうがらし…10本
にんにく…1かけ
A
　しょうゆ…3/4カップ
　みりん…大さじ2
　サラダ油…大さじ1
かつお節…適量

作り方
1　ししとうは小口切り、にんにくはみじん切りにする。Aと混ぜ合わせ、冷蔵庫で30分ほど味をなじませる。
2　サラダチキンは手でさき、1適量とあえる。
3　器に盛り、かつお節をかける。

「お酒にも、ご飯にも合う2品。ともにパンチをきかせてみた。」

サラダチキン グレープフルーツいちごマリネ

材料(2人分)
- 笠原流サラダチキン(P.10参照)…1枚
- グレープフルーツ…1個
- いちご…4粒

A
- オリーブオイル…大さじ3
- 酢…大さじ2
- はちみつ…大さじ1
- 塩…小さじ1/2
- おろししょうが…小さじ1/2
- 黒こしょう…少々
- セルフィーユ…少々

作り方
1. サラダチキンは5mm〜1cm厚さに切る。
2. グレープフルーツは薄皮をむいて身を取り出す。いちごは4等分に切る。
3. 密閉容器に1と2を入れて混ぜ合わせ、Aをまわしかけて冷蔵庫で1時間ほど味をなじませる。
4. 器に盛り、セルフィーユを散らす。

「鶏のうまみを引き立てる果物の底力で、もはやデザートの域。」

材料（2人分）

鶏むね肉…2枚（約400g）
うずらのゆで卵…6個
すだち…1個
貝割れ菜…1パック
A
　みそ…100g
　酒…30ml
　砂糖…大さじ2

作り方

1. 鶏肉は皮をはぎ、余分な脂や小骨を取り除いて形を整える。
2. Aをよく混ぜ、1の全体にぬる。保存容器に入れ、残ったAでうずらの卵も漬ける（写真a）。ぴったりラップをかけ、冷蔵庫で一晩漬ける。
3. 2の鶏肉のみそをさっと水洗いし、ペーパータオルで水けをふき取って、1cm厚さに切る。
4. フライパンに油をひかずに3を並べ入れ、両面焼く。うずらの卵はさっと焼く。
5. 器に盛り、半分に切ったすだちと根元を落とした貝割れ菜を添える。

たっぷりの量で漬けるのではなく、むね肉の表面にぬる程度でOK。うずらの卵も同様に。

鶏のみそ漬け

「漬けることで余分な水分が抜け、もっちり。焼き目の香ばしさもグー。」

鶏せんべい

材料（2人分）
- 鶏むね肉…1枚（約200g）
- 塩…少々
- 黒こしょう…少々
- 片栗粉…適量
- すだち…1個
- 揚げ油…適量

作り方
1. 鶏肉は皮をはぎ、5mm厚さのそぎ切りにする。
2. 1を両面ラップではさみ、上からめん棒でたたいて1mm厚さくらいにたたきのばす（写真a）。
3. 片面に塩、こしょうで味つけし、たっぷり片栗粉をまぶして手で押さえる。
4. 180℃の揚げ油でパリッとなるまで途中表裏を返しながら3〜4分揚げる。
5. 器に盛り、半分に切ったすだちを添える。

a なるべく薄く平らになるように優しくたたく。

「パリッとしっとり。あぁ、やめられない、止まらない。」

手綱揚げ

材料（2人分）
鶏むね肉…1枚（約200g）
こんにゃく…150g
A
　しょうゆ…大さじ2
　みりん…大さじ2
　一味唐辛子…少々
片栗粉…適量
レモン…1/4個
揚げ油…適量

作り方
1. こんにゃくは5mm厚さに切り、包丁で切り目を入れて手綱にする。沸騰した湯で5分ほど下ゆでし、ざるに上げる。
2. 鶏肉は皮をはぎ、形を整えて5mm厚さに切り、包丁で切り目を入れて手綱にする（写真a）。
3. 1と2にAをもみ込み、10分ほどおく。
4. 3の汁けをきって片栗粉をまぶしつけ、170℃の揚げ油で3分ほど揚げる。
5. 器に盛り、レモンを添える。

鶏肉、こんにゃくともに真ん中に包丁で切り目を入れる。切り目の内側に端を入れ込み、手綱にする。

「こんにゃくでするアレを、むね肉で。巻いた分空気を含んでふんわり。」

第1章 鶏むね肉

のり巻き揚げ

材料(2人分)
鶏むね肉…1枚(約200g)
ししとうがらし…4本
焼きのり…1枚
A
⋮ しょうゆ…大さじ1
⋮ みりん…大さじ1
米粉…適量
塩…適量
揚げ油…適量

作り方
1 鶏肉は皮をはぎ、1cm角の棒状に切る。
2 1にAをもみ込み、10分ほどおく。
3 のりを2の幅に合わせて切り(約16等分)、1本ずつ巻きつける(写真a)。
4 3に米粉をまぶしつける(写真b)。
5 170℃の揚げ油で3分ほど揚げる。ししとうは1か所、包丁で切り目を入れ、素揚げする。
6 器に盛り、塩を添える。

のりがしっとりし、鶏肉にしっかりついてから米粉をまぶす。

「ふんわりおかき風の食感と味わい。ビールのお供に。」

コーンフレーク揚げ

材料（2人分）
鶏むね肉…1枚（約200g）
コーンフレーク（無糖）…100g
塩…少々
黒こしょう…少々
薄力粉…適量
卵…1個
ズッキーニ…1/2本
レモン…1/4個
A
　マヨネーズ…大さじ3
　タバスコ…少々
揚げ油…適量

作り方
1　コーンフレークは食品用ポリ袋に入れ、めん棒などでたたいて細かく砕く。
2　鶏肉は皮をはいで、5mm厚さに切って塩、こしょうで下味をつける。卵は溶きほぐす。
3　2の鶏肉に薄力粉をまぶしつける。2の溶き卵にくぐらせ、1のころもをつける（写真a）。
4　ズッキーニは1cm厚さの輪切りにする。
5　170℃の揚げ油で3を3〜4分揚げる。ズッキーニは素揚げする。
6　器に盛り、Aを混ぜ合わせたもの、レモンを添える。

バットに広げたコーンフレークに鶏肉を落とし、ふわっところもをつける。ギュッとつけると食感がガリッとするので注意。

第1章　鶏むね肉

「パンチあるころもとふんわりむね肉がタバスコマヨと好相性。」

かき揚げ

材料（2人分）
- 鶏むね肉…1枚（約200g）
- 玉ねぎ…1/2個
- 三つ葉…1/2わ
- A
  - 卵黄…1個分
  - 冷水…3/4カップ
  - 薄力粉…90g
- B
  - だし汁…180ml
  - しょうゆ…大さじ2
  - みりん…大さじ2
- 大根おろし…適量
- おろししょうが…適量
- 薄力粉…適量
- 揚げ油…適量

作り方
1 玉ねぎは薄切り、三つ葉は3cm長さに切る。
2 鶏肉は皮をはいで、身を1cm幅の棒状に切る。
3 ボウルにAを混ぜ合わせる。
4 小鍋にBを入れ、ひと煮立ちさせ、そのまま冷ます。
5 別のボウルに1と2を入れ、薄力粉をまぶして混ぜ合わせる。
6 5に3を適量加えてさっくりと混ぜ合わせる。
7 6を適量へらにまとめてのせ、170℃の揚げ油に落として4～5分揚げる（写真a）。
8 器に盛り、大根おろしとおろししょうがを添える。4のつけだれは別添えにする。

適量をへらにのせ、揚げ油にすべらせるようにそっと入れる。しばらくいじらず、そのままにし、浮いてきたら菜箸で形を整える。

「1cm幅に切ったむね肉と薄切りにした玉ねぎのサイズ感が生む、絶妙な食感。」

鶏ゴーヤーチャンプルー

材料(2人分)
- 鶏むね肉…1枚(約200g)
- ゴーヤー…1/2本
- 玉ねぎ…1/4個
- 木綿豆腐…150g
- 卵…1個
- サラダ油…大さじ2
- 黒こしょう…少々

A
- 酒…大さじ1
- しょうゆ…小さじ1
- 片栗粉…小さじ1

B
- 酒…大さじ1
- みりん…大さじ1
- しょうゆ…大さじ1

作り方
1. ゴーヤーは種とワタを取り、薄切りにする。玉ねぎも薄切りにする。豆腐は軽く水けをきる。
2. 鶏肉は皮をはぎ、皮は細切り、身は5mm厚さに切ってから5mm幅の棒状に切ってAをもみ込む。
3. フライパンに油を熱し、中火で1のゴーヤーと玉ねぎ、2を炒める。鶏肉に火が通ったら豆腐を手でくずしながら加え、炒め合わせる。
4. 3にBを加え、炒め合わせる。卵を溶きほぐしてまわし入れ、ざっと炒め合わせる。卵が好みの加減になったら、器に盛ってこしょうをふる。

「豚もいいけど、むねでもね。仕上げのこしょうをきかせてナイス着地。」

鶏ごぼう黒酢炒め煮

材料（2人分）
- 鶏むね肉…1枚（約200g）
- ごぼう…100g
- しいたけ…2枚
- 玉ねぎ…1/4個
- A
  - 酒…大さじ1
  - しょうゆ…小さじ1
  - 片栗粉…小さじ1
- B
  - 水…1/2カップ
  - オイスターソース…大さじ2
  - みりん…大さじ2
  - 黒酢…大さじ2
- サラダ油…大さじ2
- 一味唐辛子…適量

作り方
1. ごぼうはささがきにし、水でさっと洗う。
2. しいたけは軸はさき、かさは薄切りにする。玉ねぎも薄切りにする。
3. 鶏肉は皮をはぎ、皮は細切り、身は5mm厚さのそぎ切りにしてAをもみ込む。
4. フライパンに油を熱し、1と3を炒める。鶏肉に火が通ったら2を加え、さっと炒めてからBを加える。煮立ったら3分ほど炒め煮にする。
5. 器に盛り、一味唐辛子をふる。

「オイスターソースと黒酢に、ごぼうと鶏のうまみを加えた合わせ技。」

2章　鶏むね肉

鶏じゃがせん切りカレー炒め

材料(2人分)
鶏むね肉…1枚(約200g)
じゃがいも(メークイン)…2個
万能ねぎ…3本
A
: 酒…大さじ1
: しょうゆ…小さじ1
: 片栗粉…小さじ1
B
: 酒…大さじ1
: しょうゆ…大さじ1
: みりん…大さじ1
: カレー粉…小さじ1
: バター…10g
黒こしょう…少々
サラダ油…大さじ2

作り方
1. じゃがいもは皮をむき、マッチ棒くらいの細切りにする。水に5分ほどさらし、ざるに上げて水けをきる。
2. 万能ねぎは小口切りにする。
3. 鶏肉は皮をはぎ、皮は細切り、身は5mm厚さに切ってから5mm幅の棒状に切って(写真a)、Aをもみ込む。
4. フライパンに油を熱し、1と3を炒める。
5. 肉に火が通ったらBを加え、炒め合わせる。
6. 器に盛り、2を散らし、こしょうをふる。

まず皮をはいで皮も細切りにして一緒に炒める。そうすることでうまみが増す。身もじゃがいもと同じ大きさに切ることで食感がよくなる。

「むね肉のふわふわはもちろん、スナック感覚の皮がプラスアルファのおいしいサプライズ。」

鶏にら炒め

材料（2人分）
鶏むね肉…1枚（約200g）
にら…1わ
長ねぎ…1/2本
にんにく…1片
A
　酒…大さじ1
　しょうゆ…小さじ1
　片栗粉…小さじ1
B
　酒…大さじ1
　みりん…大さじ1
　しょうゆ…大さじ1
サラダ油…大さじ2

作り方
1 にらは5cm長さ、長ねぎは斜め薄切り、にんにくは薄切りにする。
2 鶏肉は皮をはぎ、皮は細切り、身は5mm厚さに切ってから5mm幅の棒状に切ってAをもみ込む。
3 フライパンに油を熱し、2を炒める。火が通ったら1を加え、しんなりするまで炒める。
4 3にBを加えてさっと炒め合わせる。

「レバニラならぬ、トリニラは鶏だしがきいたやさしい味わい。」

鶏レタス炒め

材料（2人分）
鶏むね肉…1枚（約200g）
レタス…1/2個
しょうが…10g
A
　酒…大さじ1
　しょうゆ…小さじ1
　片栗粉…小さじ1
B
　酒…大さじ1
　みりん…大さじ1
　塩…小さじ1/2
黒こしょう…少々
サラダ油…大さじ2

作り方
1. レタスはざく切りにする。しょうがはせん切りにする。
2. 鶏肉は皮をはぎ、皮は細切り、身は5mm厚さのそぎ切りにしてAをもみ込む。
3. フライパンに油を熱し、2を炒める。火が通ったら1を加えてさっと炒め、Bを加えて手早く炒め合わせる。
4. 器に盛り、こしょうをふる。

「塩とみりん、レタスのさっぱり系。しょうがと皮がいい仕事してます。」

鶏なす大葉炒め

材料（2人分）
鶏むね肉…1枚（約200g）
なす…3本
大葉…10枚
白いりごま…適量
A
⋮ 酒…大さじ1
⋮ しょうゆ…小さじ1
⋮ 片栗粉…小さじ1
B
⋮ 酒…大さじ1
⋮ みそ…大さじ1
⋮ みりん…大さじ1
⋮ しょうゆ…大さじ1/2
サラダ油…大さじ2

作り方
1 なすは乱切りにしてさっと水で洗う。
2 大葉はざく切りにする。
3 鶏肉は皮をはぎ、皮は細切り、身は5mm厚さのそぎ切りにして（写真a）Aをもみ込む。
4 フライパンに油を熱し、1、3を炒める。
5 鶏肉となすに火が通ったらBを加え、炒め合わせる。仕上げに2を加えてさっと炒め、器に盛ってごまをふる。

そぎ切りにすることでさっと炒めるだけで火が通り、しっとり仕上がる。

「片栗粉でむね肉もっちり。みそとしょうゆ味でご飯がすすむ、すすむ。」

第1章 鶏むね肉

鶏チリ

材料(2人分)
鶏むね肉…1枚(約200g)
A
- 卵白…1個分
- 片栗粉…大さじ1
- サラダ油…小さじ1
- 塩…小さじ1/2

レタス…1枚
長ねぎ…1/2本
しょうが…10g
にんにく…1片
卵…1個
B
- トマトケチャップ…大さじ2
- 豆板醤…小さじ1

C
- だし汁…1カップ
- 砂糖…大さじ1
- しょうゆ…小さじ1
- 酢…大さじ1

水溶き片栗粉…大さじ2
サラダ油…大さじ3

作り方
1 レタスは細切りにする。長ねぎ、しょうが、にんにくはみじん切りにする。卵は溶きほぐす。
2 鶏肉は皮をはぎ、身を1cm厚さの一口大に切ってAをもみ込む。
3 フライパンに油を熱し、2を炒める。半分ほど火が通ったらいったん取り出す(写真a)。
4 3のフライパンに1のしょうが、にんにく、Bを入れ、炒める。いい香りがしてきたら、Cを加えて混ぜ、長ねぎを加える。3の鶏肉を戻し入れ、混ぜながら全体に火を通す。
5 水溶き片栗粉でとろみをつけ、溶き卵を加えてふんわり火を通す。器に盛り、レタスを添える。

a

両面が白っぽくなるまで半分くらい火を通す下炒めで、えびチリのえび同様、鶏肉もプリッとした食感に仕上がる。

「下炒めすることで、鶏むねでえびのようなプリッと感を実現。」

鶏むね治部煮

第1章 鶏むね肉

材料（2人分）
鶏むね肉…1枚（約200g）
長ねぎ…1/2本
ほうれん草…1/2わ
にんじん…80g
しいたけ…2枚
油揚げ…1枚
片栗粉…適量
塩…少々
A
　だし汁…1 1/2カップ
　しょうゆ…大さじ1
　薄口しょうゆ…大さじ1
　みりん…大さじ1
　砂糖…大さじ1
わさび…少々

作り方

1　長ねぎは3cm長さに切り、フライパンで油をひかずに焼いて焼き目をつける。

2　ほうれん草は塩を加えた湯でゆで、水に放す。水けをしっかりしぼり、5cm長さに切る。

3　にんじんは拍子木切り、しいたけはかさに十字の切り目を入れる。油揚げは熱湯をまわしかけて油抜きをし、水けをきってから2cm幅に切る。

4　鶏肉は皮をはぎ、身を5mm厚さに切って片栗粉をまぶしつける。

5　鍋にAを入れ、火にかける。煮立ったら3を加え、弱火で7～8分煮る。

6　1を加え、2分ほど煮てから4を1枚ずつ入れて煮る（写真a）。鶏肉に火が通ったら、2を加えてひと煮する。

7　器に盛り、わさびをのせる。

鶏肉は1枚ずつそっと入れて火を通すと、片栗粉がくっつくこともなく、外はつるんと、中はしっとりした仕上がりになる。

「だしのうまみをまとった、しっとり、ふわふわ食感を知ってしまったら最後。」

第2章 鶏もも肉

鶏肉といえば、もも肉。というほど、人気が高い部位。
唐揚げ、照り焼き、煮物、炊き込みご飯など、
メニューも挙げればキリがないほどある。
が、今回はなかでも俺が子供の頃から慣れ親しんで
きたものに、何年もかけて極めてきた味わいを
加えて仕上げた厳選レシピを紹介しよう。

◎鶏もも肉の調理ポイント

すべてに皮がつくように切る

基本中の基本。すべてに皮がつくように切り分けることで、皮と身のうまみが一体化したおいしさになる。

しっかり手で下味をもみ込む

下味をつけてすぐ使う場合は、しっかり全体に味がしみわたるように手でもみ込む。

穴は埋める

広げたとき、穴が開いている場合があるので、厚みがある部分をそぎ、それを穴に埋め込んで均一にする。

下ゆでする

火が通りにくいので、さっと下ゆでしてから煮汁に加えるといい。煮汁もにごらず、仕上がりが美しいうえに、雑味のないクリアなうまみにもなる。

二度揚げする

火が通りにくいので、揚げ物をするときは一度揚げてから、いったん休ませ、再度揚げる。そうすることで表面がカリッと揚がり、中もふわふわの揚げ上がりになる。

一枚丸ごと炊く

米を炊くときに下味をしたもも肉を一緒に入れて炊くと、米一粒一粒に肉のうまみがしみ渡り、だし代わりとなる。もちろん、肉もおいしくふっくらと火が入る。

鶏もも鬼唐揚げ

材料（2〜3人分）
鶏もも肉…2枚（約600g）
卵…1個
片栗粉…大さじ4
薄力粉…大さじ4
レタス…1枚
レモン…1/2個

A
しょうゆ…大さじ3
みりん…大さじ3
おろしにんにく…小さじ1/2
おろししょうが…小さじ1/2
揚げ油…適量

作り方
1　鶏肉は縦3等分にする（写真a）。
2　ボウルに1を入れ、Aを加えてもみ込み、15分ほどおく。
3　卵を溶きほぐし、2に加えてさらに5分ほどおく（写真b）。
4　3の汁けをきり、片栗粉と薄力粉を合わせてまぶしつける。
5　170℃の揚げ油で4を3分揚げる（写真c）。いったん引き上げ、3分休ませてから、さらに2分揚げる（写真d）。
6　器に盛り、レタスとレモンを添える。

縦に切ることで、ももとすねの部分両方が味わえる。

卵を一緒に入れると下味が入りにくくなるので、卵はあとから加える。卵を加えるとしっとりした仕上がりになる。

片栗粉と薄力粉を合わせたころもをつけることで、鬼唐揚げにふさわしいガリッとした揚げ上がりになる。

中はしっとり、外をカリッとさせるため、いったん休ませてから空気にふれさせながら揚げる。

「もも肉を3等分にして揚げたでか唐揚げ。しっかり下味をつけているからレモンを搾るくらいでちょうどよし。」

鶏唐 香り野菜風味 塩レモン添え

材料（2人分）
- 鶏もも肉…1枚（約300g）
- レモン…1個
- 大根…100g
- 玉ねぎ…1/4個
- セロリ…50g
- にんじん…50g
- 片栗粉…適量

A
- 粗塩…20g
- はちみつ…小さじ2

B
- 薄口しょうゆ…大さじ2
- みりん…大さじ2
- 黒こしょう…少々

揚げ油…適量

作り方
1. レモンは皮をよく洗い、水けをふいて粗みじん切りにする。Aと混ぜ合わせ、常温で1日おく。
2. 大根はすりおろし、汁けをきって1適量を加えて混ぜ合わせる。
3. 玉ねぎ、セロリ、にんじんはすりおろし、Bとともに混ぜ合わせる。
4. 鶏肉は一口大に切り、3に入れてもみ込む。15分ほどおき、汁けをきって片栗粉をまぶしつける。
5. 170℃の揚げ油で4を3分ほど揚げる。いったん引き上げ、3分休ませてから空気にふれさせながらさらに2分揚げる。
6. 器に盛り、2を添える。

「はちみつ入りレモンおろしをたっぷりのせて食べる、ヘルシー唐揚げ。」

鶏唐 シナモン風味 バナナ添え

材料(2人分)
鶏もも肉…1枚(約300g)
バナナ…1本
A
 しょうゆ…大さじ1 1/2
 みりん…大さじ1 1/2
 シナモンパウダー
  …小さじ1/2
 おろししょうが…小さじ1/2
片栗粉…適量
B
 マヨネーズ…大さじ3
 はちみつ…大さじ1
 黒こしょう…少々
揚げ油…適量

作り方
1. 鶏肉は一口大に切る。バナナは皮をむいて4等分に切る。
2. ボウルにAを入れ、鶏肉をもみ込んで15分ほどおく。
3. 2の汁けをきり、片栗粉をまぶしつける。バナナにも片栗粉をまぶす。
4. 170℃の揚げ油で3の鶏肉を3分揚げる。いったん引き上げ、3分休ませてから空気にふれさせながらさらに2分揚げる。バナナはさっと素揚げする。
5. 器に盛り、Bを混ぜ合わせて添える。

「バナナのトロトロとはちみつマヨがサイドを固める魅惑のサプライズ唐揚げ。」

鶏唐 みそ風味

材料（2人分）
鶏もも肉…1枚（約300g）
A
　みそ…大さじ1 1/2
　酒…大さじ1
　みりん…大さじ1
　粉山椒…少々
片栗粉…適量
長ねぎ（小口切り）…適量
白すりごま…適量
すだち…1個
揚げ油…適量

作り方
1. 鶏肉は一口大に切る。
2. ボウルにAを合わせ入れ、よく混ぜ合わせる。1を加えてもみ込み、15分ほどおく。
3. 2の汁けをきり、片栗粉をまぶしつける。
4. 170℃の揚げ油で3の鶏肉を3分揚げる。いったん引き上げ、3分休ませてから空気にふれさせながらさらに2分揚げる。
5. 器に盛り、ねぎ、すりごまを散らし、切ったすだちを添える。

「下味の粉山椒とみそが風味豊かにもも肉を包み込んだ唐揚げ。すだちをキュッと搾って。」

鶏唐 長芋おろし

材料（2人分）
- 鶏もも肉…1枚（約300g）
- 長芋…100g
- 大根…100g
- 塩…少々
- A
  - しょうゆ…大さじ1
  - みりん…大さじ1
  - ごま油…大さじ1
  - 一味唐辛子…ひとつまみ
- すだち…1個
- 片栗粉…適量
- 揚げ油…適量

作り方
1. 長芋は皮をむいて包丁でたたいてとろろ状にする。大根はすりおろして汁けをきり、長芋と合わせて塩で味付けする。
2. 鶏肉は一口大に切る。
3. ボウルにAを合わせ入れ、よく混ぜ合わせる。2を加えてもみ込み、15分ほどおく。
4. 3の汁けをきり、片栗粉をまぶしつける。
5. 170℃の揚げ油で4の鶏肉を3分揚げる。いったん引き上げ、3分休ませてから空気にふれさせながらさらに2分揚げる。
6. 1とともに器に盛り、切ったすだちを添える。

「少しシャリ感が残る長芋と大根に鶏唐をからめてさっぱりと」

チキン南蛮 いぶりがっこタルタル

材料（2人分）
鶏もも肉…1枚（約300g）
キャベツ…1/4個
貝割れ菜…1/3パック
いぶりがっこ…30g
A
　マヨネーズ…大さじ4
　万能ねぎ（小口切り）…大さじ1
　黒こしょう…少々
ミニトマト…2個
塩…少々
黒こしょう…少々
B
　卵…1個
　薄力粉…大さじ2
　片栗粉…大さじ1
C
　水…大さじ1
　酢…大さじ1
　しょうゆ…大さじ1
　砂糖…大さじ1
揚げ油…適量

作り方
1 キャベツはせん切り、貝割れ菜は根元を落として3等分に切る。合わせて水にさらし、シャキッとしたらざるに上げて水けをきる。
2 いぶりがっこはみじん切りにしてAと合わせる。
3 鶏肉は塩、こしょうで下味をつけ、5分ほどおく。
4 ボウルにBを入れ、よく混ぜ合わせる。3を加え、手でもみ込み、冷蔵庫で15分ほどおく。
5 170℃の揚げ油で4を5分ほど揚げる。いったん取り出し、3分休ませ、肉の上下を返してさらに5分揚げる。
6 5を一口大に切り、器に盛る。Cを混ぜ合わせたものをまわしかけ、2をのせ、1とミニトマトを添える。

「甘酢をかけてから、さらにいぶりがっこ入りタルタルソースをのせた大人のチキン南蛮。」

チキン南蛮らっきょうカレータルタル

第2章 鶏もも肉

材料（2人分）
チキン南蛮（P.44）…1枚分
　（いぶりがっこタルタルを除く）
らっきょう…30g
ゆで卵…1個
A
　マヨネーズ…大さじ4
　カレー粉…小さじ1/2
　はちみつ…小さじ1

作り方
1. らっきょうとゆで卵は粗みじん切りにする。
2. 1とAを混ぜ合わせる。
3. 一口大に切ったチキン南蛮を器に盛り、2をかける。

「カレー粉、はちみつ、マヨネーズにらっきょうとゆで卵で夢のタルタル。」

チキン南蛮 梅塩昆布タルタル

材料（2人分）

- チキン南蛮（P.44）…1枚分
  （いぶりがっこタルタルを除く）
- 梅干し（赤いもの）…1個
- 塩昆布…10g
- 大葉…3枚
- 白いりごま…小さじ1
- A
  - マヨネーズ…大さじ4
  - 砂糖…小さじ1/2
  - わさび…小さじ1/2

作り方

1. 梅干しは種を取って包丁でたたいてペースト状にする。
2. 塩昆布と大葉はみじん切りにする。
3. 1、2、ごま、Aを混ぜ合わせる。
4. 一口大に切ったチキン南蛮を器に盛り、3をかける。

「さっぱりだけれど、実はパンチがきいたタルタル。ご飯にも合う。」

チキンカツ和風デミソース

材料(2人分)
- 鶏もも肉…1枚(約300g)
- 塩、こしょう…各少々
- 薄力粉…適量
- A
  - 卵…1個
  - 牛乳…1/4カップ
  - 薄力粉…50g
- 生パン粉…適量
- B
  - 赤ワイン…大さじ3
  - しょうゆ…大さじ1
  - みりん…大さじ1
  - トマトケチャップ…大さじ1
- キャベツ…1/4個
- 貝割れ菜…1/3パック
- 練りがらし…少々
- 揚げ油…適量

作り方
1. キャベツはせん切り、貝割れ菜は根元を落として3等分の長さに切る。合わせて水にさらし、シャキッとしたらざるに上げて水けをきる。
2. 鶏肉は皮をはぎ、皮は細切り、身は塩、こしょうして5分ほどおく。
3. 鶏肉に薄力粉をまぶしつけ、よく混ぜ合わせたAにくぐらせてパン粉をつける。
4. 170℃の揚げ油で3を5分揚げる。いったん引き上げ、3分休ませてから、肉の上下を返してもう5分揚げる。
5. フライパンを熱し、2の皮をから炒りする。火が通ったらBを加え、煮詰めてソースにする。
6. 4を一口大に切って器に盛り、5をまわしかけて1と練りがらしを添える。

「皮のうまみを凝縮させた極上デミグラスをかけて、Wうまい鶏。」

八幡巻き 万能ねぎ

材料（2人分）
鶏もも肉…1枚（約300g）
万能ねぎ…6本
大根…100g
一味唐辛子…少々
A
　酒…1/4カップ
　みりん…1/4カップ
　しょうゆ…20ml
サラダ油…大さじ1

作り方
1. 大根はすりおろし、一味唐辛子を混ぜる。
2. 鶏肉は余分な脂や小骨を取り除き、表面を平らに整える（写真a）。万能ねぎを横に置き、芯にして巻く（写真b）。たこ糸で端をしばってからぐるぐると全体を巻き、終わりも同様にしばる（写真c）。
3. フライパンに油を熱し、2を転がしながら全体に焼き目がつくまで焼く。
4. キッチンペーパーで3の余分な脂をふき取り、Aを加える。煮立ったら弱火にし、アルミホイルをかぶせて煮汁がとろっとするまで7～8分煮る。
5. たこ糸をはずして一口大に切り、器に盛って1を添える。

a なるべく平らになるように、盛り上がっている部分をそぎ、穴の開いているところを埋める。

b 万能ねぎは肉の大きさに合わせて切り、横に重ね置いて芯にしながら巻く。

c まず端をしばってから全体をぐるぐる巻き、最後はしばって留める。

「鶏のおいしい肉汁で万能ねぎを包み込む。一味をきかせたおろしをつけて。」

八幡巻き ごぼう山椒だれ

材料（2人分）
- 鶏もも肉…1枚（約300g）
- ごぼう…50g
- 大根…100g
- 木の芽…5g
- 塩…少々
- A
  - 酒…1/4カップ
  - みりん…1/4カップ
  - しょうゆ…20ml
- 粉山椒…小さじ1/2
- サラダ油…大さじ1

作り方
1. 大根はすりおろし、木の芽は粗く刻んで両方を混ぜる。
2. ごぼうは鶏肉の大きさに合わせて切り、縦4等分にする。水から柔らかくなるまでゆでる。
3. 鶏肉は余分な脂や小骨を取り除き、表面を平らに整える。2の水けをきって横に置き、芯にして巻く。たこ糸で端をしばってからぐるぐると全体を巻き、終わりも同様にしばる。全体に塩をふる。
4. フライパンに油を熱し、3を転がしながら全体に焼き目がつくまで焼く。
5. キッチンペーパーで4の余分な脂をふき取り、Aを加える。煮立ったら弱火にし、アルミホイルをかぶせて7〜8分煮る。
6. 煮汁がとろっとするまで煮からめ、粉山椒を加える。
7. たこ糸をはずして一口大に切り、器に盛って1を添える。

「鶏とごぼうの相性の良さは言わずもがな。刻み木の芽を加えたおろしで香り高く。」

八幡巻き 春菊ごまあえ

材料（2人分）
鶏もも肉…1枚（約300g）
春菊…1/2わ
A
　白すりごま…大さじ1
　しょうゆ…大さじ1
　砂糖…大さじ1/2
すだち…1個
酒…大さじ2
塩…適量
ごま油…大さじ1

作り方
1. 春菊は沸騰した湯で塩ゆでし、ざるに上げて水けをしっかりしぼる。ざく切りにし、Aであえる。
2. 鶏肉は余分な脂や小骨を取り除き、表面を平らに整える。1を横に置き、芯にして巻く。たこ糸で端をしばってからぐるぐると全体を巻き、終わりも同様にしばる。全体に塩少々をふる。
3. フライパンにごま油を熱し、2を転がしながら全体に焼き目がつくまで焼く。
4. キッチンペーパーで3の余分な脂をふき取り、酒をふる。弱火にし、アルミホイルをかぶせて7〜8分煮る。
5. たこ糸をはずして一口大に切り、器に盛ってすだちを添える。

「 すりごま、砂糖、しょうゆであえた春菊をたっぷり。すだちを搾ってあっさりと。 」

八幡巻き 梅じそみょうが

材料(2人分)
鶏もも肉…1枚(約300g)
みょうが…2個
大葉…3枚
梅干し…1個
塩…少々
わさび…少々
酒…大さじ2
サラダ油…大さじ1

作り方
1 みょうがと大葉はせん切りにする。梅干しは種を取って包丁でたたいてペースト状にする。
2 鶏肉は余分な脂や小骨を取り除き、表面を平らに整える。1を横に置き、芯にして巻く(写真a)。たこ糸で端をしばってからぐるぐると全体を巻き、終わりも同様にしばる。全体に塩をふる。
3 フライパンに油を熱し、2を転がしながら全体に焼き目がつくまで焼く。
4 キッチンペーパーで3の余分な脂をふき取り、酒をふる。弱火にし、アルミホイルをかぶせて7～8分煮る。
5 たこ糸をはずして一口大に切り、器に盛ってわさびを添える。

みょうが、たたいた梅、大葉を鶏肉のサイズに合わせて並べ置く。

「たれで煮からめず、じっくり焼いてわさびをつけていただく新スタイル。」

八幡巻き 赤パプリカトマトソース

材料（2人分）
- 鶏もも肉…1枚（約300g）
- 赤パプリカ…1/2個
- 万能ねぎ（小口切り）…少々
- 塩、黒こしょう…各少々
- A
  - トマトジュース…3/4カップ
  - みりん…大さじ1
  - 薄口しょうゆ…大さじ1/2
  - おろししょうが…小さじ1/2
- サラダ油…大さじ1

作り方
1. 赤パプリカは、細切りにする。
2. 鶏肉は余分な脂や小骨を取り除き、表面を平らに整える。1を横に置き、芯にして巻く。たこ糸で端をしばってからぐるぐると全体を巻き、終わりも同様にしばる。全体に塩をふる。
3. フライパンに油を熱し、2を転がしながら全体に焼き目がつくまで焼く。
4. キッチンペーパーで3の余分な脂をふき取り、Aを加える。煮立ったら弱火にし、アルミホイルをかぶせて7～8分煮る。
5. たこ糸をはずして一口大に切り、器に盛る。フライパンに残ったソースを添え、万能ねぎを散らして、こしょうをふる。

「パプリカとトマトのフレッシュ感を鶏の甘みとともに味わう。」

八幡巻き セロリ 白ワインバターソース

材料（2人分）
鶏もも肉…1枚（約300g）
セロリ…50g
塩…少々
A
　白ワイン…1/4カップ
　みりん…大さじ2
　薄口しょうゆ…大さじ1/2
ミニトマト…4個
バター…20g
サラダ油…大さじ1

作り方
1　セロリは筋を取り、細切りにする。
2　鶏肉は余分な脂や小骨を取り除き、表面を平らに整える。1を横に置き、芯にして巻く。たこ糸で端をしばってからぐるぐると全体を巻き、終わりも同様にしばる。全体に塩をふる。
3　フライパンに油を熱し、2を転がしながら全体に焼き目がつくまで焼く。
4　キッチンペーパーで3の余分な脂をふき取り、Aを加える。煮立ったら弱火にし、アルミホイルをかぶせて7〜8分煮る。
5　ミニトマトとバターを加え、フライパンを揺すりながら乳化させる。
6　たこ糸をはずして一口大に切り、フライパンに残ったソースとともに、器に盛る。ミニトマトを添える。

「セロリを巻いた新食感八幡巻きを、白ワインとしょうゆ、バターのコクありソースで。」

第2章 鶏もも肉

鶏ハム

材料（2人分）
鶏もも肉…2枚（約600g）
玉ねぎ…1/2個
セロリ…50g
にんじん…50g
にんにく…2片
A
　ローリエ…1枚
　クローブ…5粒
　だし昆布…5g
　黒粒こしょう…10粒
B
　水…1.5ℓ
　酒…1カップ
　塩…120g
　砂糖…90g
クレソン…1/2わ
粒マスタード…少々

作り方
1　玉ねぎ、セロリ、にんじんは薄切り、にんにくは半分に切る。
2　鍋に1、A、Bを入れ、火にかける。煮立ったら火を止め、そのまま冷ます。
3　鶏肉は余分な脂や小骨を取り除き、表面を平らに整える。横長に丸め、たこ糸でしばる（写真a）。
4　2に3を入れ、鍋ごと冷蔵庫に入れて一晩漬ける。
5　4を中火にかけ、ゆっくり沸かし（写真b）、沸騰直前で火を止める。ペーパータオルをかぶせ、そのまま粗熱が取れるまで冷ます。冷蔵庫で一晩おき、味を入れる。
6　5のたこ糸を取り、一口大に切って器に盛る。クレソンと粒マスタードを添える。

＊　煮汁につけたまま密閉容器に入れ、冷蔵庫で5日間ほど保存可。

端を結んでから全体をぐるぐる巻き、反対側の端を結ぶ。

一気に沸かさず、ゆっくり火を入れることでしっとり仕上がる。

「一晩下味に漬け込んでからゆでて、さらに味を入れるから味わいしっかり、しっとりジューシー。」

鶏豆腐

材料(2人分)
鶏もも肉…1枚(約300g)
木綿豆腐…1丁
しらたき…1袋
長ねぎ…1本
A
⋮ だし汁…1カップ
⋮ 酒…1カップ
⋮ しょうゆ…1/2カップ
⋮ 砂糖…大さじ3
黄柚子の皮…少々

作り方
1 豆腐は水けをふき、4等分に切る。
2 しらたきは沸騰した湯でさっとゆで、ざるに上げて食べやすく切る。
3 長ねぎは斜め薄切りにする。
4 鶏肉は一口大に切り、沸騰した湯にさっとくぐらせて水けをきる(写真a)。
5 フライパンにAを入れ、火にかける。煮立ったら1、2、3、4を入れ、アルミホイルをかぶせて弱火で15分ほど煮る。途中出てきたアクはひく。
6 器に盛り、柚子の皮を添える。

鶏肉はまわりが白っぽくなるくらいが目安。こうすることで雑味がなくなる。

「肉豆腐の鶏バージョンは、やさしい味わいが豆腐にもしらたきにもじわーん。」

第2章 鶏もも肉

鶏大根塩煮

材料（2人分）
鶏もも肉…1枚（約300g）
大根…400g
A
　だし汁…2カップ
　みりん…大さじ2
　塩…小さじ1
黒こしょう…少々
サラダ油…大さじ1

作り方
1　大根は2cm厚さのいちょう切りにし、水から15分ほど下ゆでする。
2　鶏肉は一口大に切る。
3　フライパンに油を熱し、1と2を炒める。鶏肉に焼き目がつき、全体に油がなじんだら（写真a）、Aを加える。煮立ったらアクをひき、弱火にしてアルミホイルをかぶせて15分ほど煮る。
4　大根がやわらかくなったら器に盛り、こしょうをふる。

a

鶏肉に焼き目がつく程度に炒め、うまみを閉じ込める。

「大根に鶏のうまみ、シミシミ。塩とだしで煮込んだやさしい味。」

鶏かぼちゃ田舎煮

材料（2人分）
- 鶏もも肉…1枚（約300g）
- かぼちゃ…1/4個
- みょうが…1個
- 煮干し…10尾
- A
  - 水…2カップ
  - しょうゆ…大さじ2
  - 砂糖…大さじ2

作り方

1. かぼちゃは種とワタを取り、一口大に切る。皮はところどころむく。
2. 鶏肉は一口大に切る。
3. 煮干しはハラワタを除く。
4. みょうがは小口切りにする。
5. フライパンに2を皮目を下にして並べ入れ、焼き目がつくまで焼く。もう片面もさっと焼き、Aを加える。
6. 5に1を重ならないようにして加え、3も加える。煮立ったら弱火にし、アルミホイルをかぶせて10分ほど煮る。
7. 器に盛り、4をあしらう。

「煮干しと鶏のWだしに、かぼちゃの甘みをほんのり。」

鶏けんちん汁

材料(2人分)
- 鶏もも肉…200g
- れんこん…100g
- にんじん…50g
- しいたけ…2枚
- 木綿豆腐…100g
- 三つ葉…2本
- A
  - だし汁…3カップ
  - 酒…大さじ1
  - 薄口しょうゆ…大さじ1
- 塩…少々
- 水溶き片栗粉…大さじ1
- ごま油…大さじ1

作り方
1. れんこん、にんじんは一口大の乱切りにする。しいたけは薄切りにする。鶏肉は一口大に切る。
2. 三つ葉は1cm長さに切る。
3. 鍋にごま油を熱し、1を炒める。油がなじんだらAを加え、煮立ったら弱火にして10分ほど煮る。
4. 手でくずしながら豆腐を加え、5分ほど煮る。水溶き片栗粉を加えて軽くとろみをつけ、塩で味をととのえる。
5. 三つ葉を加えてさっと煮る。

「根菜、豆腐、きのこ、鶏。すべてのだしがしみ渡っている。」

鶏みそ煮込み

材料（2人分）
鶏もも肉…1枚（約300g）
こんにゃく…150g
ごぼう…80g
にんじん…50g
大根…100g
A
﹈ だし汁…2 1/2カップ
﹈ みそ…大さじ3
﹈ 酒…大さじ2
﹈ 薄口しょうゆ…小さじ1
﹈ 砂糖…大さじ1
長ねぎ…1/4本
一味唐辛子…少々

作り方
1 こんにゃくは一口大に手でちぎる。沸騰した湯で5分ほど下ゆでし、水けをきる。
2 ごぼうは斜め薄切り、にんじんと大根は5mm厚さのいちょう切りにする。ともに水から10分ほどゆで、水けをきる。
3 鶏肉は一口大に切り、沸騰した湯にさっとくぐらせて水けをきる。
4 鍋にAを入れ、火にかける。煮立ったら1、2、3を加え、再び煮立ったらアクをひいて弱火にし、20分ほど煮る。
5 長ねぎは小口切りにする。
6 器に盛り、5を添えて一味唐辛子をふる。

「すべて下ゆでしてから煮込む、手間暇かけた煮込み。クリアな味わいの煮汁はその賜物。」

鶏二身焼き

材料（2〜3人分）
鶏もも肉…1枚（約300g）
鶏ひき肉…200g
薄力粉…少々
A
　卵…1/2個分
　しょうゆ…大さじ1
　砂糖…大さじ1
　おろししょうが…小さじ1
B
　酒…3/4カップ
　しょうゆ…大さじ2
　みりん…大さじ1
　砂糖…大さじ1
粉山椒…少々
サラダ油…大さじ1

作り方
1　もも肉は余分な脂や小骨を取り除く。厚い部分に切り込みを入れて開き、厚さを均一にして全体に薄力粉をまぶしつける。
2　ボウルにひき肉とAを入れ、手でよく練る。1の身の上にのせ（写真a）、へらやスプーンで平らになるように延ばしてならす（写真b）。
3　フライパンに油をひき、2を皮目を下にして焼く。焼き目がついたら返し、弱火にしてアルミホイルをかぶせてさらに10分ほど焼く。もう一度皮目を焼き、パリッとさせる。
4　3のフライパンの余分な脂をふき取り、Bを加える。煮汁がとろっとするまで煮たら、強火にして全体を煮からめ、火を止める。
5　しっかり冷めたら一口大に切る。器に盛り、粉山椒をふる。

a
薄力粉をまぶしたもも肉の上にひき肉をのせる。

b
へらなどで端やまわりもていねいにならす。

「ももと鶏ひきを重ねて焼いた、夢のジューシーハーモニー。」

鶏もも 南蛮焼き

材料（2人分）
鶏もも肉…1枚
玉ねぎ…1/4個
にんじん…20g
にんにく…1片
万能ねぎ…3本
大根…50g
白いりごま…小さじ2
A
　しょうゆ…大さじ2
　みりん…大さじ2
　酢…大さじ2
レタス…1枚
薄力粉…適量
サラダ油…大さじ1

作り方
1. 玉ねぎ、にんじん、にんにくはみじん切り、万能ねぎは小口切りにする。
2. 大根はすりおろして水けをきる。
3. 1、2、A、ごまを混ぜ合わせる。
4. 鶏肉は薄力粉を薄くまぶしつける。
5. フライパンに油を熱し、4を皮目から焼く。焼き目がついたら返し、5〜6分焼く。
6. 5の余分な脂をふき取り、3を加える。煮立ったら弱火にして煮からめる。
7. 鶏肉を一口大に切って器に盛り、レタスを添えて残った汁をまわしかける。

「カリッと焼いたもも肉に、ほんの少し酢を加えた野菜おろしをたっぷり。」

鶏飯

材料（2人分）
鶏もも肉…200g
しいたけ…4枚
にんじん…50g
ほうれん草…1/3わ
卵…1個
塩、黒こしょう…各適量
ご飯…茶碗2杯分
白いりごま…少々
A
　だし汁…3カップ
　薄口しょうゆ…大さじ2
　みりん…大さじ2
B
　だし汁…1/2カップ
　しょうゆ…大さじ1
　みりん…大さじ1
サラダ油…大さじ1

作り方
1　鍋にAを入れ、火にかける。煮立ったら鶏肉を入れ、弱火にして10分ほど煮る。火を止め、そのままおく。
2　しいたけは薄切りにし、Bとともに別の鍋に入れて火にかける。煮立ったら弱火にし、煮汁がほぼなくなるまで煮る。火を止め、そのまま冷ます。
3　卵は塩少々を加えて溶きほぐす。フライパンに油を熱し、薄焼き卵を焼く。取り出して細切りにする。
4　にんじんは5cm長さのせん切りに、ほうれん草は5cm長さに切る。それぞれ沸騰した湯で塩ゆでにし、ざるに上げて水けをきる。
5　1の鶏肉を取り出し（煮汁はだしとしてとっておく）、手で細くさいて塩、こしょう各少々をふる。
6　ご飯の上に2、3、4、5を半量ずつ並べ、白ごまとこしょう少々をふる。熱々に温めた1のだしを添える。

「まずはそのままを味わい、次にだしをかけてお茶漬けをの、二度おいしい方式。」

材料（2人分）
鶏もも肉…1枚（約300g）
ししとうがらし…4本
卵…2個
A
　だし汁…大さじ2
　砂糖…大さじ1
　しょうゆ…小さじ1
B
　酒…大さじ3
　しょうゆ…大さじ3
　みりん…大さじ3
　砂糖…大さじ1
刻みのり…適量
ご飯…丼2杯
サラダ油…大さじ2
粉山椒…少々

作り方
1　卵は溶きほぐし、Aと合わせる。卵焼き器に油大さじ1を熱し、卵焼きを焼く。
2　フライパンに残りの油を熱し、鶏肉を皮目から入れて焼く。しっかり焼き目がついたら返し、さらに5～6分焼く。フライパンの空いたところでししとうも焼く。
3　2のフライパンの余分な脂をふき取り、Bを加えて煮汁がとろっとするまで弱火で煮からめる。粉山椒をふり、鶏肉を一口大に切る。
4　丼にご飯を盛り、3の煮汁を少々まわしかける。のりをのせ、3の鶏肉と1の卵焼き、2のししとうを半量ずつ盛り付ける。

きじ焼き丼

「甘い卵と照り焼き鶏のうまさはもちろん、たれがしみたご飯も最高なのだ。」

第2章 鶏もも肉

チキングラタン

材料（2人分）
鶏もも肉…1枚（約300g）
玉ねぎ…1/2個
しめじ…1パック
マカロニ…50g
バター…20g
A
　だし汁…1カップ
　牛乳…1カップ
　薄口しょうゆ…大さじ1
　みりん…大さじ1
塩、こしょう…各適量
水溶き片栗粉…大さじ2
溶けるチーズ…50g
パン粉…大さじ1

作り方
1　玉ねぎは薄切り、しめじは石づきを落とし、根元をほぐす。
2　マカロニは袋の表示通り、塩少々を入れた湯でゆでる。
3　鶏肉は一口大に切る。
4　フライパンにバターを入れ、火にかける。1、2、3を加えて炒め合わせ、塩、こしょう各少々をふる。
5　4にAを加え、煮立ったらアクをひいて弱火にし、アルミホイルをかぶせて10分ほど煮る。
6　5に水溶き片栗粉を加え混ぜ（写真a）、とろみをつける。塩、こしょうで味をととのえ、耐熱用の器に入れる。溶けるチーズとパン粉をのせ、焼き色がつくまでオーブントースターで表面にこんがり焼き目がつくまで焼く。

a

小麦粉を加えてホワイトソースを作るのではなく、水溶き片栗粉でとろみをつけるので簡単、ラクチン。

「小麦粉を使わない、だしベースのグラタン。
うまみしっかり、後味あっさりなのは、鶏だからこそのなせる業。」

シンガポール風チキンライス

材料(2人分)
鶏もも肉…1枚(約300g)
A
　酒…大さじ1
　しょうゆ…大さじ1
　おろししょうが…小さじ1
米…2合
トマト…1個
きゅうり…1本
長ねぎ…1/4本
香菜…少々
黒こしょう…少々
B
　しょうゆ…大さじ1
　オイスターソース…大さじ1/2
　おろしにんにく…小さじ1/2
C
　ナンプラー…大さじ1
　レモン汁…大さじ1
　はちみつ…小さじ1
　一味唐辛子…少々

作り方
1　米はとぐ。
2　鶏肉はAをもみ込み、10分ほどおく。
3　トマトは薄切り、きゅうりはせん切り、長ねぎは白髪ねぎ、香菜はざく切りにする。
4　炊飯器に米を入れ、目盛りよりやや少なめの水を加え、2をのせ、こしょうをふって炊く(写真a)。
5　BとCはそれぞれ混ぜ合わせる。
6　炊き上がったら鶏肉を一口大に切り、3とともに盛り合わせる。ご飯を添え、5を添える。

米の上に鶏肉をのせて炊く。

「肉汁たっぷりの鶏と米粒ひとつひとつにうまみがぎっしり詰まったチキンライス。これが炊飯器であっという間にできるのだ。」

第3章

丸鶏

鶏好きのみなさんなら、いつかは鶏1羽丸ごと
調理してみたいと思っている人も多いだろう。
そんなみなさんのために、今回は丸ごと一羽使った
レシピはもちろん、1羽の解体の仕方も含めて
お教えしたいと思う。丸鶏は鶏専門のお店、
あるいは肉屋さんでお願いしておけば購入可能だ。
1羽を自身で解体し、この本のレシピで
それぞれの部位を味わっていただけたらと思う。
＊解体は小出刃包丁を使うとやりやすい。

◎もも肉を切り分ける

1 お尻部分に少し出っ張った"ぼんじり"と呼ばれる部分がある。

2 この部分を切り落とす。

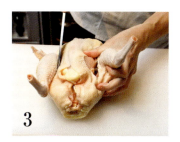

3 両脇のももに切り込みを入れる。

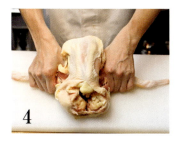

4 両手でももをつかみ、バキッと折る。もものつけ根を骨に沿って切る。

5 関節を持って頭の方向へ引きちぎる。

6 皮部分が取れなければ包丁で切る。

7 もう片方のももも同様にする。

8 脚の骨に沿って真ん中に切り目を入れ、骨のまわりの肉をはがす。

9 脚の真ん中辺りの膝関節に包丁を入れる。

10 上の部分の骨をはずす。

11 下の脚の骨を切る。

12 余分な脂を取り除く。

◎むね肉を切り分ける

首のまわりの皮をそぐように取り除く。

背骨に沿って、包丁を入れ、

切り目を入れる。

手羽が付いている肩部分を少しそぎ、手前に引っぱり、はずす。

手羽先部分を切り離し、

続けて手羽元部分を切り離す。

◎ささみ肉を切り分ける

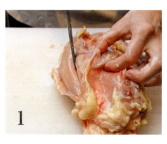
残りのかたまりの両脇についているのがささみ部分。

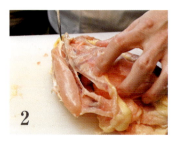
ささみのまわりの骨に沿って切り目を入れる。

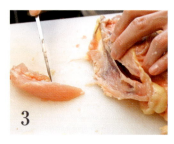
はずれてきたら、筋を切ってやさしく引っ張って取り出す。

◎軟骨、はらみ（横隔膜）、せせり、ぼんじりを切り分ける

1 首の両脇にある羽の骨に切り目を入れる。

2 左右を持って、

3 両脇に開く。

4 首のまわりに切り目を入れ、

5 骨に沿って首上に向かい肉をそぎ、軟骨を切り出す。

6 続いて、はらみを切り出す。

7 首のまわりの肉をそぎ、せせりを切り出す。

8 余分な脂は取り除く。

9 P.79で最初に切り取った出っ張り。

10 出っ張りの、顔のように見える方を切り落とす。

11 真ん中にある骨に包丁をはわせながら脂と骨を取り除き、

12 ぼんじりを取り出す。

◎丸鶏を切り分けたもの

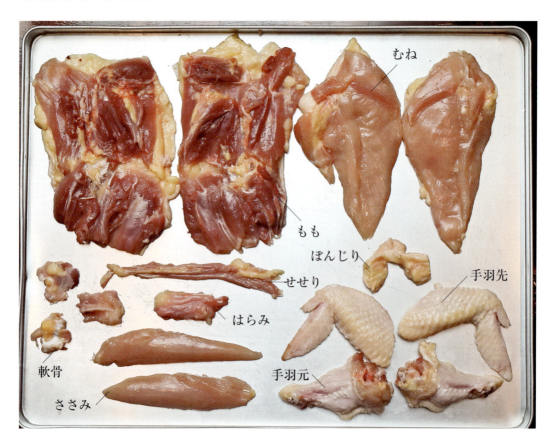

ガラは鶏だしをとる際に使用。皮は適当な大きさに切って串に刺して塩をふって焼いてもいいし、炒め物にしたり、細かく切ってひき肉と合わせてコクをプラスするなどに使うといい。

◎ 丸ごと煮る

丸ごと煮る場合は、多少、まわりに余裕がある大きめの鍋を使用すること。

◎ 詰め物をする

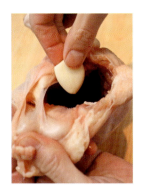

鶏肉専門店などで売っている丸鶏は中を掃除して抜いてある。この中にもち米や野菜などの詰め物をして焼いたり、煮たりするのも丸鶏の楽しみといえる。

◎ 脚はまとめる

脚を竹串で写真のようにまとめてから調理すると、作業しやすくもあり、美しい仕上がりにもなる。

◎ 丸ごと焼く

丸ごとオーブンで焼いた丸鶏を味わったら最後、病みつきになるだろう。丸ごと焼くとなぜおいしいのか!?　それは全体が皮に包まれているからという、至ってシンプルな理由。皮はパリパリ、中はふわふわしっとりの焼き上がりが特に何するでもなく実現するのだ。

◎ 鶏ガラだしのとり方

1

大きめの鍋にガラを入れ、たっぷりと水を注ぐ。あれば、長ねぎの青い部分やしょうがなどの香味野菜の端などを加え、火にかける。

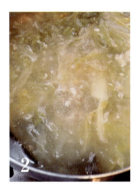

2

煮立ったらアクをひき、弱火にして水の量が半分になるくらいまで煮出す。濾し器で濾し、粗熱が取れたら冷蔵庫で保存する。
＊密閉容器に入れ、冷蔵庫で3日間保存可。冷凍の場合は1ヶ月間。

和風参鶏湯(サムゲタン)

第3章 丸鶏

材料（2人分）
- 丸鶏…1羽（約1kg）
- もち米…1合
- しょうが…10g
- 三つ葉…5本
- 栗甘露煮…4個
- 長ねぎ…1/2本
- にんにく…3かけ
- 塩…適量
- 黒こしょう…少々
- ごま油…大さじ1

A
- 水…1.2ℓ
- 酒…1カップ
- だし昆布…5g
- 薄口しょうゆ…大さじ2
- 塩…小さじ1
- みりん…大さじ2

作り方
1. もち米は洗って30分ほど水につける。ざるに上げて水けをきり、ごま油をまぶす。
2. しょうがは薄切り、三つ葉は5cm長さに切る。栗は水で洗う。長ねぎは5cm長さに切る。
3. 鶏のおなかの中を水でよく洗い、水けをふく。残っている毛は毛抜きで抜く。もち米、栗、しょうがを詰め（写真a）、竹串で口を留める（写真b）。足も竹串でまとめる（写真c）。
4. 鍋に3を入れ、Aを合わせ入れ、にんにくと長ねぎを加えて火にかける。煮立ったらアクをひき、弱火にする。ふたを少しずらしてのせ、1時間ほど煮る。
5. だし昆布を取り出し、もう30分ほど煮る。
6. 三つ葉を加えてさっと煮、塩で味をととのえる。塩、こしょうを添えて食べる。

a　もち米、栗などを詰める時はスプーンで詰めるとやりやすい。

b　尻の部分の皮を縫うようにして竹串で留める。

c　足をクロスさせ、竹串でまとめる。

「鶏まるごとのうまみがぎゅーっとしみ込んだ中のもち米と、体中にしみ渡るスープのうまみ、両方を存分に味わってほしい。」

清湯スープ(チンタン)

材料(2人分)
- 鶏ガラ…1羽分(約500g)
- 玉ねぎ…1個
- 干ししいたけ…3枚
- だし昆布…10g
- 水…2ℓ
- 酒…1カップ
- 塩…大さじ1
- しょうゆ…少々

作り方
1. 鶏ガラは流水で洗い、汚れをきっちり落とす。
2. 玉ねぎはくし形切りにし、干ししいたけは水でもどしておく。
3. 鍋に1、2、水、酒、だし昆布、塩を入れ、火にかける。煮立ったらしっかりアクをひき、弱火で1時間ほどじっくり煮る。
4. ざるに移し、木べらで濾す。しょうゆで味をととのえる。

「鶏ガラに干ししいたけと昆布もプラスした最強スープ。透き通る味わい。」

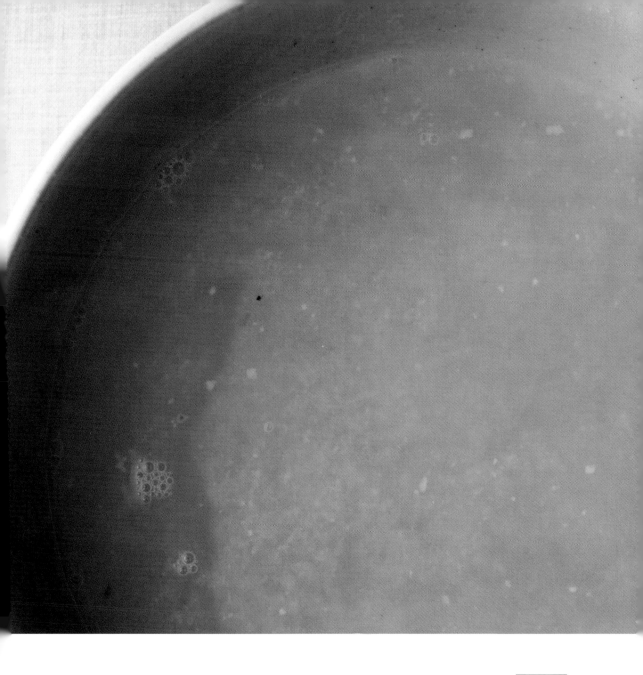

白湯（パイタン）スープ

材料（2人分）
鶏ガラ…1羽分（約500g）
玉ねぎ…1個
白菜…200g
だし昆布…10g
水…2ℓ
酒…1カップ
塩…大さじ1

作り方
1 鶏ガラは流水で洗い、汚れをきっちり落としてから包丁でぶつ切りにする。
2 玉ねぎは薄切り、白菜はざく切りにする。
3 鍋に1、2、水、酒、だし昆布、塩を入れ、火にかける。煮立ったらアクをひき、強火で40分ほど煮る。水が減ったら足す。
4 木べらで鶏ガラと野菜を粉々になるまでつぶし、さらに20分ほど煮る。
5 ざるに移し、木べらでしっかり濾す。

「鶏ガラと野菜をつぶし、うまみだけを残して濾した少しとろみがある極上スープ。」

ローストチキン

香ばしくパリッと焼きあがった皮と、もも、むねのふわふわ感と溢れ出る肉汁、そのすべてが詰まっている。

材料（2人分）

丸鶏…1羽（約1.2kg）	サラダ油…大さじ1
塩…適量	黒こしょう…少々
にんにく…2片	レモン…1個
バター…40g	粒マスタード…少々
じゃがいも…1個	
マッシュルーム…4個	
ペコロス…4個	
にんじん…1/2本	

作り方

1. 丸鶏は冷蔵庫から出し、1時間ほど常温におく。全体とおなかの中に塩大さじ1をふり、もみ込んで15分ほどおく。おなかの中ににんにくを入れる。
2. じゃがいもは洗って皮つきのまま大きめの一口大に切る。マッシュルーム、ペコロスは半分に切る。にんじんは一口大の乱切りにする。オーブンを210℃に予熱する。
3. 天板にサラダ油をひき、2をまわりに散らす。おなかを上にして天板に丸鶏を置き、竹串で足をまとめる（写真a）。210℃のオーブンで20分ほど焼く。
4. 3を取り出し、丸鶏を裏返す。野菜は軽く混ぜ合わせ、こげるようなら天板の左右を変える。オーブンに戻し入れ、さらに15分ほど焼く。
5. 4の丸鶏を裏返し、全体にバターをぬる（写真b）。野菜は取り出し、塩少々、こしょうをふってあえる。オーブンに丸鶏を戻し入れ、さらに15分ほど焼く。
6. オーブンから取り出し、アルミホイルをかぶせて10分ほど休ませる。
7. 器に盛り、天板に残った汁をかけてレモンと粒マスタードを添える。

◎切り分け方

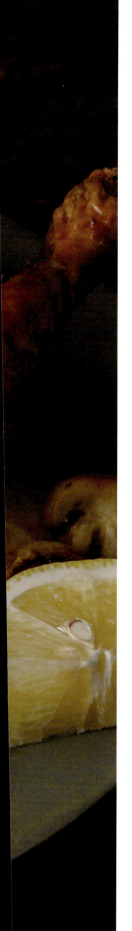

a 足をクロスにして竹串で留めると、美しい形に仕上がる。

b バターはかたまりを箸で動かしながらぬるといい。

まず、両脇のももの部分をはずし、それから真ん中に包丁を入れてむねの部分をさばくと切り分けやすい。

材料（2人分）
丸鶏…1羽（約1.2kg）
ベーコン…2枚
玉ねぎ…1/4個
しいたけ…2枚
赤パプリカ…1/4個
ご飯…300g
バター…10g
にんにく…1個
オリーブオイル…大さじ3
塩…適量
こしょう…少々
しょうゆ…少々
ミニトマト…6個

作り方
1 丸鶏は冷蔵庫から出し、1時間ほど常温におく。
2 ベーコン、玉ねぎ、しいたけ、パプリカはみじん切りにする。
3 フライパンにバターを入れ、2を炒める。しんなりしたらご飯を加え、炒めながらはぐす。塩少々、こしょう、しょうゆで調味し、取り出す。
4 丸鶏の全体とおなかの中に塩大さじ1をもみ込み、おなかに3を詰めて竹串で口をとじる。足はクロスして竹串でまとめる。オーブンを210℃に予熱する。
5 天板に丸鶏をおなかを上にしてのせ、半分に切ったにんにくものせる。オリーブオイルをまわしかけ（写真a）、210℃のオーブンで20分ほど焼く。
6 5を一度取り出し、丸鶏を裏返す。にんにくは取り出す。オーブンに戻し入れ、15分ほど焼く。
7 6の丸鶏を裏返し、ミニトマトを加えてさらに15分ほど焼く。オーブンから取り出し、アルミホイルをかぶせて10分ほどおき、器に盛る。

おなかを上にしてのせ、オリーブオイルを全体に回しかける。

カットすると、肉汁をたっぷり吸ったジューシーなご飯と野菜がぎっしり。ごちそう感満載です。

「 丸鶏で包み込まれ、肉汁がしみ込んだバターライス、パリパリの皮、ジューシーな肉の三重構造。これぞ夢の丸鶏ミルフィーユ。 」

第4章 鶏手羽先、手羽元

骨つきだからこそのおいしさが味わえる
手羽先、手羽元。
揚げる、煮る、焼く、詰め物をする、
マリネするなど、調理法によっておいしさもまた広がり、
味に深みも出るのが手羽のいいところ。
今回は手羽先の定番のチューリップに加え、
関西風のチューリップ、手羽元をチューリップにする方法、
それに手羽先を袋状にする方法など、
細かなところまで伝授しておきたいと思う。
手羽先の先は捨てずにだしをとることも忘れずに。

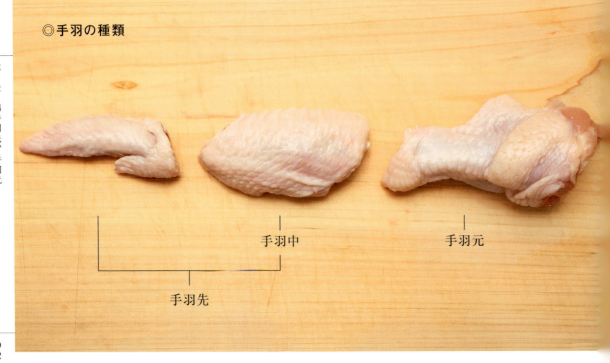

◎手羽の種類

手羽先 ／ 手羽中 ／ 手羽元

◎水で洗う

手羽は全体が皮で覆われているぶん、毛や汚れなどが残っていることもある。調理に取り掛かる前に、ボウルにためた水に手羽を浸け、表面をやさしくこすり洗いし、キッチンペーパーで水けをしっかりふき取るのを忘れずに。

◎手羽先を定番のチューリップにする

1

手羽先の先を落とす。

2

骨に沿うようにして切り目を入れる。

3

中側にある骨のところまで切り開く。

4

2本の骨の先を切り離す。

5

細い方の骨を下にし、骨に沿って肉をそぐ。

6

細い方の骨を取る。

7

太い方の骨も同様に、

8

骨にそって肉をそぐ。

◎手羽先を関西風チューリップにする

1 手羽先の先を落とし、2本の骨の間に包丁で切り目を入れる。
2 皮をめくって骨の先を出す。
3 骨を持ち、靴下を脱がせるようにして、
4 身を骨に沿って滑らせながら下におろす。

◎手羽元をチューリップにする

1 手羽元の骨のまわりにぐるっと一周、
2 包丁で切り目を入れる。
3 肉を立て、骨のまわりの肉をこそげるように下げる。
4 皮が内側にくるように、

5 ひっくり返す。

◎手羽先を袋状にする

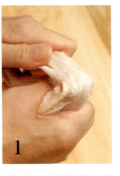 

1 手羽先の関節を逆に折り曲げ、折る。
2 太い方の骨の先のまわりに包丁で切り目を入れながらそぎ、骨の頭を出す。

3
2本の骨の先を切り離し、

4
骨のまわりの肉をこそげながら肉を脱がすようにして細いほうの骨をはずす。

5
太いほうの骨も同様にし、

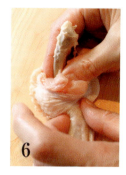
6
こそげ、はずす。

7
2本の骨がはずれ、

8
袋状になる。

9
ここに詰め物をする。

◎手羽先の先でスープをとる

手羽先の先20本と水1リットルと5×10cmのだし昆布、酒1/2カップ、塩小さじ1を大きめの鍋に入れ、火にかける。煮立ったらアクをひき、弱火で20分ほど煮る。鍋中で冷まし、粗熱が取れたらスープと手羽に分ける。密閉容器に入れ、冷蔵庫で3日間保存可。冷凍の場合は1ヶ月間。

チューリップ唐揚げ

関西風チューリップ唐揚げ

第4章 鶏手羽先・手羽元

チューリップ唐揚げ

材料（2人分）
手羽先…6本
レモン…1/4個
ししとうがらし…4本
片栗粉…適量
A
: しょうゆ…大さじ1 1/2
: みりん…大さじ1 1/2
: 黒こしょう…少々
揚げ油…適量
塩…少々

作り方
1　手羽先をチューリップにする（P.93参照）。
2　1にAをもみ込み、10分ほどおく。
3　2の汁けをきり、片栗粉をまぶす。170℃の揚げ油で3分揚げ、いったん引き上げる。3分休ませてからさらに2分揚げる。ししとうは楊枝で数カ所穴をあけ、1〜2分素揚げして塩をふる。
4　器に盛り、レモンを半分に切って添える。

関西風チューリップ唐揚げ

材料（2人分）
手羽先…6本
片栗粉…適量
銀杏…6粒
A
: 酒…大さじ2
: 塩…小さじ1
すだち…1個
揚げ油…適量

作り方
1　手羽先は2本骨のチューリップにする（P.94参照）。
2　1にAをもみ込み、10分ほどおく。
3　2の汁けをきり、片栗粉をまぶす。170℃の揚げ油で3分揚げ、いったん引き上げる。3分休ませてからさらに2分揚げる。銀杏も1〜2分素揚げする。
4　器に盛り、すだちを半分に切って添える。

定番チューリップ。骨は1本のみ残す。

関西風チューリップ。骨は2本残す。

「定番チューリップはしょうゆ味、2本骨の関西風チューリップは塩でキメる。」

チューリップ とろろごろも揚げ

材料（2人分）
- 手羽先…6本
- 塩、こしょう…各少々
- 大和芋…100g
- A
  - 卵黄…1個分
  - 塩…ひとつまみ
- 薄力粉…適量
- B
  - だし汁…1カップ
  - しょうゆ…大さじ2
  - みりん…大さじ2
- 大根おろし…適量
- おろししょうが…少々
- 揚げ油…適量

作り方
1. 大和芋は皮をむいてすりおろし、Aと合わせる。
2. 手羽先はチューリップ（P.93参照）にして塩、こしょうで下味をつける。
3. 2に薄力粉をまぶし、1にくぐらせる。170℃の揚げ油で5〜6分揚げる。いったん引き上げ、2分ほど休ませてからもう2分揚げる。
4. 小鍋にBを入れ、ひと煮する。
5. 器に3を盛り、大根おろし、おろししょうが、4のつゆを添える。

「とろろのふわふわと手羽の肉汁が口の中に、こぼれ落ちてくる。」

チューリップ 大葉ごろも揚げ

材料（2人分）
手羽先…6本
塩、こしょう…各少々
大葉…20枚
卵…1個
薄力粉…適量
A
　梅干し…2個
　わさび…小さじ1/2
揚げ油…適量

作り方
1. Aの梅干しは種を取って包丁でたたき、わさびと混ぜ合わせる。
2. 大葉はせん切りにする。卵は溶きほぐす。
3. 手羽先はチューリップ（P.93参照）にし、塩、こしょうで下味をつける。
4. 3に薄力粉をまぶしつけ、溶き卵にくぐらせて2の大葉をまわりにつける。
5. 170℃の揚げ油で4を3分ほど揚げる。いったん引き上げ、3分休ませてからもう2分揚げる。
6. 器に盛り、1を添える。

「せん切りにした大葉をころもにした外側さっぱり揚げ。中はしっかりジューシー。梅干しとわさびとともに。」

第4章 鶏手羽先・手羽元

手羽元 チューリップ唐揚げ

材料（2人分）
手羽元…6本
A
　みりん…大さじ1 1/2
　しょうゆ…大さじ1 1/2
　おろしにんにく…小さじ1/2
B
　薄力粉…大さじ2
　片栗粉…大さじ1
　溶き卵…1個分
レタス…1枚
レモン…1/4個
マヨネーズ…適量
揚げ油…適量

作り方
1　手羽元はチューリップ（P.94参照）にし、Aをもみ込んで15分ほどおく。
2　Bを混ぜ合わせ、ころもを作る。
3　1の汁けをきって2にくぐらせ、170℃の揚げ油で5分ほど揚げる。いったん引き上げ、3分休ませてからもう3分揚げる。
4　器にレタスを敷いて3を盛り、レモンとマヨネーズを添える。

「 しょうゆとみりん、にんにくのスタンダードな味わい。レモンとマヨネーズでさらに安定のおいしさを。 」

手羽元 チューリップ モッツァレラフライ

材料（2人分）
- 手羽元…6本
- モッツァレラチーズ…40g
- 塩、こしょう…各少々
- 卵…1個
- 薄力粉…適量
- パン粉…適量
- トマト…1/2個
- バジルの葉…3枚

A
- オリーブオイル…大さじ2
- おろしにんにく…小さじ1/2
- 塩…小さじ1/2
- はちみつ…小さじ1

揚げ油…適量

作り方
1. トマトは粗みじん切り、バジルはみじん切りにしてAとあえる。卵は溶きほぐす。
2. 手羽元はチューリップ（P.94参照）にし、塩、こしょうで下味をつける。
3. モッツァレラチーズは一口大に切り、2の中に詰める。薄力粉、1の溶き卵、パン粉を順につける。
4. 170℃の揚げ油で3を5〜6分揚げる。器に盛り、1のソースを添える。

「手羽の中にはとろとろチーズが！ トマトとバジルの名コンビソースでどうぞ。」

手羽元 チューリップ 岩石揚げ

材料（2人分）
手羽元…4本
鶏ももひき肉…200g
長ねぎ…1/4本
A
　片栗粉…大さじ1
　しょうゆ…大さじ1
　みりん…大さじ1
　黒こしょう…少々
うずらのゆで卵…4個
塩、こしょう…各少々
薄力粉…適量

B
　マヨネーズ…大さじ3
　トマトケチャップ…大さじ1
　しょうゆ…小さじ1
クレソン…1/2わ
レモン…1/4個
揚げ油…適量

作り方
1 長ねぎはみじん切りにする。ボウルに長ねぎ、鶏ひき肉、Aを入れ、よく混ぜ合わせる。
2 手羽元はチューリップ（P.94参照）にし、塩、こしょうで下味をつける。中にうずらの卵を詰め、まわりに薄力粉をまぶしつける。
3 1を4等分し、2の全体を包むようにつける。形を整え、薄力粉を薄くまぶしつける。
4 170℃の揚げ油で3を10分ほど揚げる。いったん引き上げ、3分休ませてからもう2分揚げる。
5 器に盛り、クレソンとレモン、混ぜ合わせたBのソースを添える。

「まわりにひき肉、中からうずらの卵で、一口食べて、ワォーッ！となる。」

第4章　鶏手羽先・手羽元

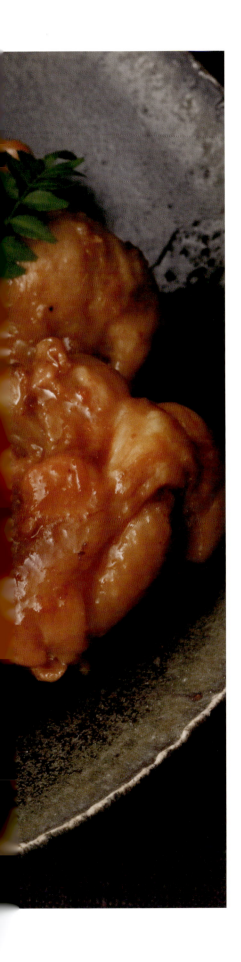

チューリップ照り煮

材料（2人分）
手羽元…6本
玉ねぎ…1個
しいたけ…4枚
A
  みりん…大さじ5
  酒…大さじ3
  しょうゆ…大さじ2
木の芽…少々

作り方
1 玉ねぎは繊維を断ち切るように1cm幅に切る。しいたけは石づきを落とし、軸は手でさく。かさは半分に切る。
2 手羽元はチューリップ（P.94参照）にする。
3 鍋にAを入れ、火にかける。煮立ったら1と2を入れ、再び煮立ったら弱火にし、アルミホイルをかぶせて7〜8分煮る。
4 アルミホイルを取り、汁けを手羽元に煮からめる。器に盛り、木の芽を添える。

「酒、みりん、しょうゆのスタンダードな味つけに、玉ねぎの甘みを加えて煮つけた、ご飯にもお弁当にも向く一品。」

手羽先 赤飯詰め

材料（2人分）
手羽先…6本
A
　酒…大さじ2
　塩…小さじ1
赤飯（市販品）…100g
片栗粉…適量
黒いりごま…適量
塩…少々
揚げ油…適量

作り方
1　手羽先は骨2本を抜いて袋状にする（P.94参照）。
2　1にAをもみ込み、10分ほどおいて汁けをふく。
3　2に赤飯を等分に詰め、楊枝で口をとじる。
4　3に片栗粉をまぶし、170℃の揚げ油で4を4～5分揚げる。
5　楊枝をはずして器に盛り、ごまと塩を合わせてふる。

「パリッと揚がった皮の中にふっくら赤飯のドリーミング。お祝いの席にも。」

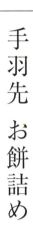
手羽先 お餅詰め

材料（2人分）
手羽先…6本
A
　しょうゆ…大さじ1 1/2
　みりん…大さじ1 1/2
餅…1個
大根…150g
しょうゆ…大さじ1
一味唐辛子…少々
片栗粉…適量
刻みのり…適量
揚げ油…適量

作り方
1 大根はすりおろし、しょうゆと一味唐辛子を混ぜ合わせる。
2 手羽先は骨2本を抜いて袋状にする（P.94参照）。
3 2にAをもみ込み、15分ほどおいて汁けをふく。
4 餅を一口大に切り、3に詰めて（写真a）楊枝で口をとじる。
5 4に片栗粉をまぶし、170℃の揚げ油で4〜5分揚げる。
6 楊枝をはずして器に盛り、1とのりを添える。

袋状にした手羽先に餅を詰める。焼くと餅がとろりと溶ける。

「 とろ〜り溶けた中のお餅と、パリパリの皮でコントラストを。 」

チキンスティック

材料（2人分）
手羽先…8本
A
　しょうゆ…大さじ1 1/2
　みりん…大さじ1 1/2
　おろしにんにく…小さじ1/2
　黒こしょう…少々
パセリ…少々
レモン…1/4個
B
　薄力粉…大さじ2
　片栗粉…大さじ1
　溶き卵…1個分
揚げ油…適量

作り方
1　手羽先は関節から先を切り落とし、手羽中の部分を横半分に切る（写真a、b）。
2　1にAをもみ込み、15分ほどおいて汁けをきる。
3　ボウルにBを混ぜ合わせてころもを作り、2を加えてからめる。
4　170℃の揚げ油で3を4～5分揚げる。
5　器に盛り、パセリとレモンを添える。

関節を切り、身を裏側にして骨の間を切る。

「にんにくとしょうゆでしっかり下味。薄力粉と片栗粉を合わせたころもでサクッとした仕上げ。レモンを搾ってさっぱりと。」

第4章 鶏手羽先・手羽元

塩蒸しチューリップ

材料（2人分）
手羽先…6本
A
: 酒…大さじ2
: 塩…小さじ1
: 黒こしょう…少々
: おろししょうが…小さじ1/2
キャベツ…1/4個
B
: 長ねぎ（みじん切り）…1/3本分
: ごま油…大さじ2
: 白いりごま…小さじ1
: しょうゆ…小さじ1
わさび…少々

作り方
1 手羽先を関西風チューリップ（P.94参照）にし、Aをもみ込んで15分ほどおく。キャベツはざく切りにする。
2 フライパンに1のキャベツを敷き詰め、水1カップを加えて上に1の手羽先を並べ入れる。ふたをして火にかけ、沸いたら弱火にして7〜8分さらに蒸す。
3 キャベツごと器に盛り、合わせたBのたれとわさびを添える。

「 プリンと蒸し上がった皮も、中のもっちりもうまい！
キャベツとわさびを合わせてあっさり、さっぱり。 」

手羽南蛮漬け

材料(2人分)
- 手羽先…6本
- 玉ねぎ…1/2個
- 赤パプリカ…1/4個
- きゅうり…1/2本
- 鷹の爪…1本
- 塩、こしょう…各少々
- 薄力粉…適量

A
- だし汁…1 1/4カップ
- 酢…1/2カップ
- 砂糖…大さじ2
- しょうゆ…大さじ3

揚げ油…適量

作り方
1. 玉ねぎは薄切り、パプリカときゅうりは細切りにする。鷹の爪は種を取り、小口切りにする。
2. 手羽先は関節から先を切り落とし、包丁で数カ所切り目を入れる。塩、こしょうで下味をつけ、薄力粉をまぶしつける。
3. 170℃の揚げ油で2を4〜5分揚げる。
4. 少し深さのある密閉容器に3を入れ、1を散らす。
5. 小鍋にAを合わせ入れてひと煮立ちさせ、4にまわしかける。粗熱が取れたら冷蔵庫に入れて3時間以上おいてなじませる。

「甘酸っぱいだし汁に、手羽のうまみがじんわり、じわじわ。」

手羽先 根菜レーズンマリネ

材料（2人分）
- 手羽先…6本
- にんじん…100g
- れんこん…100g
- レーズン…30g
- A
  - 酢…大さじ4
  - しょうゆ…大さじ1
  - みりん…大さじ1
  - カレー粉…小さじ1/2
- B
  - サラダ油…1/2カップ
  - はちみつ…大さじ1
- アーモンドスライス…適量
- 黒こしょう…少々
- サラダ油…大さじ1

作り方
1. にんじんは5cm長さのせん切り、れんこんは薄切りにしてから半月またはいちょう切りにする。
2. 手羽先は関節から先を切り落とす。
3. フライパンに油を熱し、中火で2を両面焼き目がつくまで焼く。
4. 3に1とレーズンを加え、しんなりする程度に炒め、Aを加えて炒め合わせる。
5. 密閉容器に4を移し入れ、Bを合わせ入れてざっと混ぜ合わせる。粗熱が取れたら冷蔵庫に入れ、3時間以上なじませる。
6. 器に盛り、こしょうをふり、アーモンドスライスを散らす。

「カレー風味の漬け汁と、時々現れるレーズンの甘みが手羽とれんこんに合う。」

第4章 鶏手羽先・手羽元

手羽先梅煮

材料（2人分）
手羽先…6本
梅干し…4個
長ねぎ…1本
大葉…5枚
A
　水…1 1/2カップ
　酒…1/4カップ
　みりん…1/4カップ
　しょうゆ…1/4カップ
　砂糖…大さじ1
　だし昆布…5g

作り方
1 手羽先は関節から先を切り落とす。
2 長ねぎは3cm長さに切る。
3 大葉はせん切りにする。
4 フライパンを中火で熱し、1を両面焼き目がつくまで焼く。
5 4にAを合わせ入れ、煮立ったら2と梅干しを加えてアルミホイルをかぶせて弱火で10分ほど煮る。
6 器に盛り、3をのせる。

「梅で甘酸っぱく煮た、ジューシーでしっとりした手羽。仕上げにのせた大葉をからめながら、香りも楽しみつつ。」

第5章 鶏ひき肉

あっさりしているのにコクがある鶏ひき肉。
定番のそぼろから、さまざまな素材との
合わせを楽しむ炒め物、ワンタンや
しゅうまいの皮に包んで、汁物にしたり
蒸したり、オムレツやコロッケなど、
深い味わいが楽しめるものまで、
鶏ひき肉を存分に味わうレシピをまとめてみた。

◎鶏ひき肉の調理ポイント

煮汁から煮てしっとり仕上げる

そぼろは、ひき肉を炒めてポロポロにしてから調味料を加える手法もあるが、最近は、たっぷりの煮汁に生の鶏ひき肉を加え、味を含ませながら火を入れていく"しっとりそぼろ"が、俺的に流行り中。

炒める

火が入りやすいので、手早くポロポロにしていくこと。あまり火を入れすぎるとぽそぽそになるので注意したい。

包む

肉まんやワンタン、餃子など、ひき肉を包んで仕上げるメニューは、具を詰めすぎないこと。上手に包むコツは、肉まんなら生地を少しずつ上へとずらしていくようにするのがいい。餃子やワンタンははみ出しや皮がやぶれる原因になるので、たねを大量にのせすぎないことが大事だ。

砂肝入りコリコリそぼろ

第5章 鶏ひき肉

しっとりそぼろ

砂肝入りコリコリそぼろ

材料（2人分）
鶏ももひき肉…400g
砂肝…100g
A
　水…1/2カップ
　酒…1/2カップ
　みりん…1/2カップ
　しょうゆ…1/2カップ
　砂糖…大さじ2
　粉山椒…少々
ごま油…大さじ1

作り方
1　砂肝は下処理をし（P.162参照）、みじん切りにする。
2　フライパンにごま油を熱し、1とひき肉をへらでほぐしながら炒める。
3　全体がほぐれて火が通ったら、Aを加えて5〜6分煮る。出てきたアクはひく。火を止め、そのまま冷ます。

＊密閉容器に入れ、冷蔵庫で5日間保存可。

しっとりそぼろ

材料（2人分）
鶏ももひき肉…500g
A
　水…1カップ
　酒…大さじ4
　しょうゆ…大さじ6
　みりん…大さじ4
　砂糖…大さじ4

作り方
1　鍋にひき肉とAを入れ、箸数本を使ってかき混ぜながら火を入れる。ぽろぽろになって煮汁が澄んできたら火を止め、煮汁につけたまま冷ます。

＊密閉容器に入れ、冷蔵庫で5日間保存可。

数本の箸でそぼろを細かくほぐしながら炒めると、きめ細やかな仕上がりになる。

「砂肝を加えてゴロゴロ感プラス。煮汁をたっぷり含ませてしっとり感もプラスしたニューそぼろ。」

そぼろきゅうり炒め

材料（2人分）
鶏ひき肉…150g
きゅうり…2本
にんにく…1片
A
　酒…大さじ1
　しょうゆ…大さじ1
　みりん…大さじ1
　酢…大さじ1
一味唐辛子…少々
白いりごま…適量
ごま油…大さじ1

作り方
1　きゅうりは乱切り、にんにくは薄切りにする。
2　フライパンにごま油を熱し、にんにくとひき肉を炒める。
3　ひき肉がほぐれて色が変わったら、きゅうりを加えてさっと炒める。Aを加え、全体を炒め合わせる。
4　仕上げに一味唐辛子を加えてさっと炒め合わせ、器に盛って白ごまをふる。

「そぼろの脂をまとったゴロゴロきゅうりに、ほんの少しの酢。これがいいのだ。」

なす、塩昆布、そぼろ炒め

材料（2人分）
鶏ひき肉…150g
なす…3本
玉ねぎ…1/2個
大葉…10枚
塩昆布…10g
塩…少々
酒…大さじ2
サラダ油…大さじ2

作り方
1 なすは薄切りにしてから細切りにし、水でさっと洗う。
2 玉ねぎは薄切り、大葉は細切りにする。
3 フライパンに油を熱し、ひき肉を炒める。
4 ひき肉がほぐれたらなすと玉ねぎを加えて塩をふり、野菜がしんなりするまで炒める。
5 酒と塩昆布を加えて炒め合わせ、仕上げに大葉を加えてさっと炒める。

「ひき肉と塩昆布が生み出す、奥深い味わいをなすにしみ込ませてみた。」

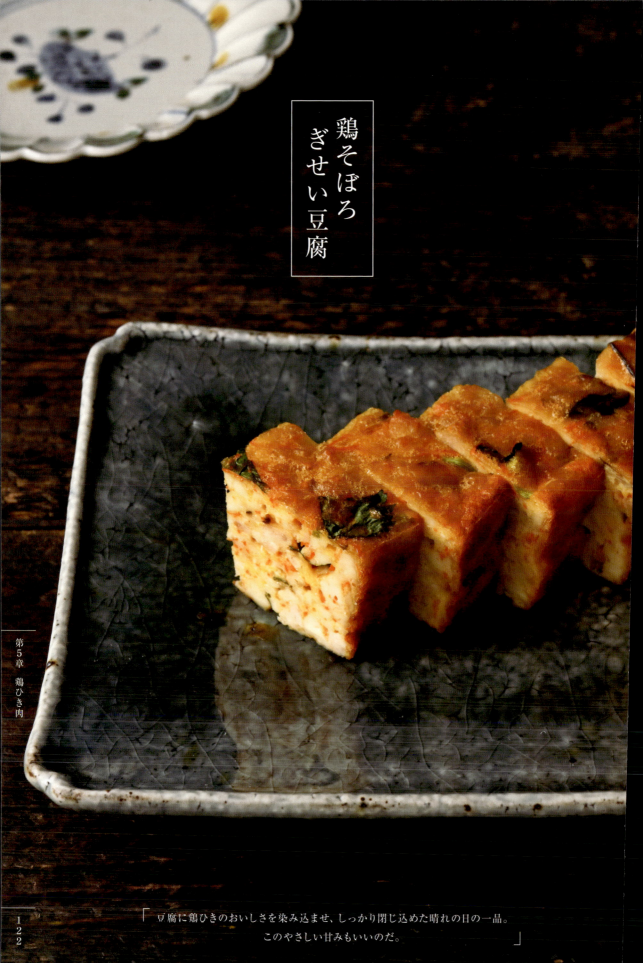

鶏そぼろ ぎせい豆腐

第5章 鶏ひき肉

豆腐に鶏ひきのおいしさを染み込ませ、しっかり閉じ込めた晴れの日の一品。
このやさしい甘みもいいのだ。

材料(21×8×6cmの型1台分)
鶏ひき肉…100g
木綿豆腐…300g
にんじん…30g
三つ葉…5本
しいたけ…2枚
卵…3個
A
  砂糖…30g
  薄口しょうゆ…25ml
サラダ油…大さじ1

下準備
オーブンは250℃に予熱する。

作り方
1 豆腐はペーパータオルに包み、10分ほどおいて水けを取る。
2 にんじんはせん切り、三つ葉は1cm長さに切る。しいたけは軸を除き、かさを薄切りにする。
3 フライパンに油を熱し、ひき肉、にんじん、しいたけを炒める。野菜がしんなりしたら豆腐を手でくずしながら加える。水けをとばしながら炒め、Aを加えて炒め合わせ、火を止める。
4 卵を溶きほぐし、3に少しずつ加えて半熟状になるように混ぜ合わせる(写真a)。三つ葉も加えてさっと混ぜる。
5 型にオーブン用シートを敷き、4を入れる。型を数回まな板の上に軽く落として空気を抜く。250℃のオーブンで20～30分焼く。
6 粗熱が取れたら型から出して一口大に切る。

火を止め、余熱で卵に火を通すので、少しずつ加えて半熟状にする。

そぼろトマト卵炒め

材料（2人分）
- 鶏ひき肉…150g
- トマト…2個
- 卵…2個
- 塩…少々
- A
  - 酒…大さじ1
  - しょうゆ…大さじ1
  - 砂糖…小さじ2
- 黒こしょう…少々
- サラダ油…大さじ2

作り方

1. トマトは乱切りにする。
2. 卵は溶きほぐし、塩を加えて混ぜる。
3. フライパンに油大さじ1を熱し、2を流し入れる。縁がふわふわとふくれてきたら、菜箸でそっと混ぜ、半熟のところでいったん取り出す。
4. 同じフライパンに油大さじ1を熱し、ひき肉をほぐしながら炒める。色が変わったらAを加えてさっと炒め、1を加えて炒め合わせる。
5. 4に3を戻し入れ、全体をさっと混ぜる。器に盛り、こしょうをふる。

「卵のふわふわに、トマトの酸味と鶏の甘みが入り込んでいるのがわかるだろうか。」

卵白入りふわふわ炒め

材料（2人分）
- 鶏ひき肉…200g
- 卵白…2個分
- しめじ…1パック
- 長ねぎ…1/2本
- アスパラガス…2本

A
- だし汁…3/4カップ
- 牛乳…大さじ3
- みりん…小さじ1
- オイスターソース…小さじ1
- 塩…小さじ1/2
- 黒こしょう…少々
- サラダ油…大さじ1
- 水溶き片栗粉…大さじ1

作り方
1. しめじは石づきを落とし、ほぐす。長ねぎは斜め薄切り、アスパラガスは根元を落とし、乱切りにする。
2. 卵白は泡立ててメレンゲ状にする。
3. フライパンに油を熱し、ひき肉を炒める。ほぐれたら1を加え、炒め合わせる。
4. 3にAを加え、ひと煮立ちしたら水溶き片栗粉を加えてとろみをつける。
5. 仕上げに2を加え、さくっと混ぜ合わせる。

「軽やかな卵白にひき肉、しめじのうまみをまとわせて上品にまとめてみた。」

第5章　鶏ひき肉

鶏えびワンタン

材料（2～3人分）
鶏ひき肉…100g
えび…100g
長ねぎ…1/4本
三つ葉…3本
A
　しょうゆ…大さじ1
　みりん…大さじ1
　おろししょうが…小さじ1/2
　ごま油…小さじ1
ワンタンの皮…20枚
B
　鶏がらスープ…2カップ
　薄口しょうゆ…大さじ1 1/2
　みりん…大さじ1
万能ねぎ（小口切り）…3本
黒こしょう…少々

作り方
1 長ねぎと三つ葉はみじん切りにする。
2 えびは殻をむき、背ワタを除く。包丁でたたいてミンチ状にする。
3 ボウルに1、2、ひき肉、Aを入れ、混ぜ合わせる。
4 皮に3を適量ずつのせ、包む（写真a）。
5 鍋にたっぷりの湯を沸かし、4を入れて1～2分ゆでて水けをきる。
6 別の鍋にBを入れてひと煮し、器に入れる。5を入れ、万能ねぎを散らしてこしょうをふる。

a

皮の真ん中にたねをおき、三角に折る。まわりを指でしっかり押さえてとじる。

「えびと鶏の豪華共演。鶏がらのやさしいスープとともにつるんといきたい。」

鶏きのこしゅうまい

材料（2〜3人分）
鶏ひき肉…200g
玉ねぎ…100g
しいたけ…3枚
まいたけ…1/2パック
溶き卵…1/2個分
A
- しょうゆ…大さじ1
- 砂糖…小さじ2
- ごま油…小さじ1
- おろししょうが…小さじ1
- 塩…少々
- こしょう…少々

片栗粉…大さじ4
しゅうまいの皮…15枚
練りがらし…少々
しょうゆ…少々

作り方
1. 玉ねぎ、しいたけ、まいたけは粗みじん切りにする。
2. ボウルにひき肉と溶き卵を入れ、手でよく練り混ぜる。Aを加えてさらによく練る。
3. 1に片栗粉をまぶし、全体にからめる。2に加え、合わせる（練らないように）。
4. 3を15等分し、皮で包む（写真a、b、c）。
5. バットにレタス（またはクッキングシート）を敷き、4を並べる。蒸気の上がった蒸し器にレタスごと入れ、8〜10分蒸す。
6. 器に盛り、からしじょうゆを添える。

a
皮にたねを適量のせ、真ん中にへらを刺す。

b
皮ごと逆さにし、まわりの皮でたねを包む。

c
表に返してへらを抜き、表面をととのえる。

「鶏肉だから軽めのふわふわ食感。なのに、しっかりねっとり、ジューシーでもある。」

第5章 鶏ひき肉

げんこつ鶏団子クリーム煮

材料(2人分)
鶏ひき肉…200g
鶏もも肉…100g
玉ねぎ…200g
A
├ 溶き卵…1/2個分
├ 片栗粉…大さじ1
├ しょうゆ…大さじ1
├ みりん…大さじ1
└ 砂糖…少々
ほうれん草…1/2わ
えのきたけ…1袋(小)
B
├ だし汁…1カップ
├ 牛乳…1カップ
├ 薄口しょうゆ…大さじ1
└ みりん…大さじ2
水溶き片栗粉…大さじ2
塩…適量
黒こしょう…少々
サラダ油…大さじ2

作り方
1 玉ねぎはすりおろし、さらしなどに包み、水けをしっかりしぼる。
2 ほうれん草は塩少々を加えた湯でゆでる。水に放ち、水けをしっかりしぼって3cm長さに切る。えのきたけは石づきを落とし、半分の長さに切る。
3 もも肉は2cm角ほどに切って塩少々をふる。
4 ボウルにひき肉と1を入れ、練り混ぜる。Aを加え、さらに練ってから3を加えて混ぜ合わせる(写真a)。げんこつくらいの大きさに丸める。
5 フライパンに油大さじ1を熱し、4を並べ入れる。両面に焼き目がつく程度に焼き、いったん取り出す。
6 同じフライパンに残りの油を熱し、えのきたけをさっと炒める。
7 6にBを加え、ひと煮立ちしたら5を戻し入れる。アルミホイルをかぶせ、弱火で10分ほど煮込み、ほうれん草を加えてさっと煮る。仕上げに水溶き片栗粉を加えてとろみをつけ、塩で味をととのえる。
8 器に盛り、こしょうをふる。

ひき肉にもも肉を加え、鶏だんごをボリュームアップする。

「ひき肉にゴロゴロに切った鶏ももをプラスしてボリュームとジューシー感をプラスしての、満足度アップ。」

鶏まん

材料（8個分）

鶏ひき肉…200g
長ねぎ…1/3本
しょうが…5g
しいたけ…2枚
A
: 酒…大さじ1
: しょうゆ…大さじ1
: オイスターソース…大さじ1/2
: 黒こしょう…少々
: ごま油…小さじ1

生地
: 薄力粉…200g
: ドライイースト…小さじ1
: 砂糖…大さじ1
: 塩…ひとつまみ
ぬるま湯…110ml
サラダ油…大さじ1

作り方

1. ボウルに生地の材料を入れ、ぬるま湯を3～4回に分けて加える。菜箸で混ぜ、ある程度まとまったら手でこねる。生地がひとつにまとまり、表面がつるんとしたらサラダ油を加えてさらにこねる。
2. 生地がなめらかになったら丸く形をととのえ、かたくしぼったぬれ布巾をかぶせて室温で2倍程度にふくらむまで一次発酵させる（夏場は30分ほど、冬場は1時間ほど）。
3. 長ねぎ、しょうが、しいたけはみじん切りにする。
4. ボウルにひき肉、3、Aを入れ、よく混ぜ合わせ、8等分にする。
5. 2に打ち粉をし、棒状に成形する。8等分に切ってめん棒で丸く延ばし、4をのせて包む（写真a、b、c）。かたくしぼったぬれ布巾をかぶせ、室温で20～30分おき、二次発酵させる。
6. 蒸し器にクッキングシートを敷き、5をのせる。強火で15分ほど蒸す。

a
ある程度延ばした生地の真ん中にたねをのせる。

b
まわりの生地を少しずつ寄せながらたねを中へと押し込んでいくようにして包む。

c
最後はキュッと生地をねじってとじる。

「モチモチの皮に、ぎっしりジューシーなたねを詰めたボリュームまん。これはいくらでもいける。」

第5章 鶏ひき肉

鶏高菜白玉団子

材料(2人分)
鶏ひき肉…100g
高菜漬け…40g
A
　みりん…大さじ1
　しょうゆ…小さじ1
ごま油…大さじ1
白玉粉…100g
水…1/2カップ
B
　だし汁…1カップ
　薄口しょうゆ…大さじ1
　みりん…大さじ1
水溶き片栗粉…大さじ1
柚子の皮…少々

作り方
1　高菜漬けは汁けをしぼり、みじん切りにする。
2　フライパンにごま油を熱し、ひき肉半量と1を炒める。ひき肉がほぐれて色が変わったらAを加えて炒め合わせ、そのまま粗熱を取る。
3　2をボウルに移し入れ、残りのひき肉を加える。混ぜ合わせて一口大に丸める。
4　別のボウルに白玉粉を入れ、水を少しずつ加えて練る。耳たぶくらいのやわらかさになったら適量ずつに分け、3を包んで丸める(写真a)。
5　鍋に湯を沸かし、4を4分ほどゆでて水にとる。
6　別の鍋にBを入れてひと煮し、水溶き片栗粉を加えてとろみをつける。
7　器に水けをきった5を盛り、6をかけて柚子の皮をのせる。

a

たねを真ん中にのせてまわりの生地を寄せて包む。手に水をつけすぎないのがうまく包むポイント。

「高菜入りのひき肉をもっちり白玉で包み、あんをまとわせた上品な一皿。」

材料（2人分）
鶏ひき肉…150g
玉ねぎ…1/2個
サラダ油…大さじ1
バター…10g
A
　しょうゆ…大さじ1 1/2
　みりん…大さじ1 1/2
じゃがいも…3個
塩…適量
黒こしょう…少々
キャベツ…1/4個
薄力粉…適量
溶き卵…1個分
パン粉…適量
揚げ油…適量

作り方
1　玉ねぎはみじん切りにする。
2　フライパンに油を熱し、バターを加えてひき肉と1を炒める。玉ねぎがしんなりし、ひき肉がほぐれて色が変わったらAを加えて炒め合わせる。
3　じゃがいもは皮をむき、塩少々を加えた湯でやわらかくなるまでゆでる。ボウルに移し入れ、熱いうちにつぶす。
4　3に2を加え、塩、こしょうで味をととのえる。6等分に分け、小判形にまとめる。
5　4に薄力粉、溶き卵、パン粉の順にころもをつけ、170℃の揚げ油で両面がきつね色になるまで揚げる。
6　器に盛り、せん切りにしたキャベツを添える。

ポテトコロッケ

「定番のポテトコロッケも鶏ひきで作ると、驚きのあっさり、なのにジューシーとなる。」

鶏そぼろオムレツ

材料（2人分）
鶏ひき肉…200g
玉ねぎ…1/4個
しいたけ…2枚
A
　酒…大さじ1
　しょうゆ…大さじ1
　みりん…大さじ1
サラダ油…大さじ3
卵…6個
バター…10g
トマトケチャップ…適量
塩…適量
こしょう…適量
生クリーム…大さじ2

作り方
1. 玉ねぎとしいたけはみじん切りにする。
2. フライパンに油大さじ1を熱し、1とひき肉を炒める。ひき肉がほぐれて色が変わったら、Aを加えて炒め合わせ、いったん取り出す。
3. ボウルに卵3個を溶きほぐし、塩、こしょう各少々、生クリーム大さじ1、2の半量を加えて混ぜ合わせる。
4. フライパンに油大さじ1を熱し、バター5gを加える。3を流し入れ、菜箸で手早く混ぜ合わせて半熟状になるまで火を入れる。
5. フライパンを奥に傾け、オムレツ状に形をととのえる（写真a）。
6. 皿に盛り、ケチャップをかける。もう1つも同様に作る。

フライパンを軽く奥に傾け、菜箸で少しずつ形をととのえ、返す。

「バターと生クリームに、鶏ひき肉の上品な甘みとふんわり感。懐かしいこの味わいを卵でくるんと包む。」

鶏豆腐カレー

材料(2人分)
鶏ひき肉…200g
玉ねぎ…1/2個
しょうが…10g
サラダ油…大さじ1
カレー粉…大さじ1 1/2
A
　酒…大さじ2
　しょうゆ…大さじ2
　バター…10g
　牛乳…3/4カップ
　砂糖…小さじ1
絹ごし豆腐…1丁
ご飯…400g
三つ葉…3本
刻みのり…少々

作り方
1. 玉ねぎとしょうがはみじん切りにする。
2. フライパンに油を熱し、1とひき肉を炒める。ひき肉がほぐれて色が変わったら、カレー粉を加え、香りが立つまで炒め合わせる。
3. 2にAを加えてさっとひと煮する。豆腐を手でくずしながら加え(写真a)、2分ほど煮る。
4. 器にご飯を盛り、3をかけてざく切りにした三つ葉と刻みのりをあしらう。

豆腐は水切りせず、手でなるべく細かくくずして加えるとカレー粉になじみ、煮汁を含んでうまみが増す。

「ひき肉にも、豆腐にもカレーがしみしみの和風キーマカレー誕生。」

第6章

鶏ささみ

低カロリーであっさりしたささみもまた、
調理法を悩む人が多いと聞く。
けれどもこれこそ、さっとゆでて刺身風にしたり、
オイル漬けや蒸してほぐしてサラダに加えたり、
はたまたフライにしたりと、変幻自在の使える部位。
一番のポイントは新鮮なものを手に入れること。
これに尽きる。

◎鶏ささみの調理ポイント

筋を取る

ささみの真ん中に筋があるので、両側に包丁で切り込みを入れ、引っ張り出す。ある程度出てきたところで包丁の刃で身を押さえながら、筋をしごくようにして抜き取る。

さっとゆでる

むね肉同様、ささみも火を通しすぎないことが大事だ。刺身風にするなら、沸騰してから火を止めた湯にさっとくぐらせる程度でちょうどいい。ほぐして使う場合でも、固くなるまで火を入れすぎることのないように、ふんわり感を残して仕上げること。

形を変えて

串に刺して揚げたりさっと焼いたりするのにも適した部位なので、さまざまに楽しんでもらいたい。

ささみ 白菜サラダ

材料(2人分)
鶏ささみ…2本
白菜(中心の黄色い部分)…300g
塩昆布…10g
塩…少々
A
　マヨネーズ…大さじ2
　酢…大さじ2
　サラダ油…大さじ2
黒こしょう…少々

作り方
1. ささみは筋を取り、全体に薄く塩をふって10分おく。
2. 鍋に湯を沸かし、1を入れて火を止める。そのまま5分ほどおいて取り出し、水けをしっかりふいてから手でさく。
3. 白菜はざく切りにする。
4. Aを合わせ、2と3、塩昆布を加えてさっとあえる。
5. 器に盛り、こしょうをふる。

「さっとゆでたふっくらささみと白菜の甘み、昆布のうまみを合体。」

ささみ 揚げごぼう万能ねぎサラダ

材料（2人分）
鶏ささみ…2本
ごぼう…100g
万能ねぎ…5本
塩…少々
A
　ごま油…大さじ1
　しょうゆ…大さじ1
　酢…大さじ1
　砂糖…小さじ1
白いりごま…少々
一味唐辛子…少々
揚げ油…適量

作り方
1　ささみは筋を取り、全体に薄く塩をふって10分おく。
2　鍋に湯を沸かし、1を入れて火を止める。そのまま5分ほどおいて取り出し、水けをしっかりふいてから手でさく。
3　ごぼうはささがきにし、水でさっと洗って水けをしっかりふく。170℃の揚げ油でカリッとなるまで素揚げする。
4　万能ねぎは5cm長さに切る。
5　Aを合わせ、2、3、4を加えてさっとあえる。
6　器に盛り、ごまと一味唐辛子をふる。

「カリッと揚げたささがきごぼうが、ささみにコクと食感の深みをくれる。」

鶏わさ

第6章 鶏ささみ

材料(2人分)
鶏ささみ(鮮度がいいもの)…2本
三つ葉…5本
A
  しょうゆ…大さじ1
  みりん…小さじ1
  わさび…小さじ1/2
刻みのり…適量

作り方
1　ささみは筋を取る(写真a、b)。
2　鍋に湯を沸かし、三つ葉をさっとゆでて氷水にとる。
3　2の熱湯に1を入れ、まわりが白くなったら氷水にさっと浸して水けをふき取る。三つ葉の水けも同様にふき取る。
4　Aを合わせ、3を加えてあえる。
5　器に盛り、刻みのりを散らす。

a

b

銀色の部分の両脇に切り目を入れる。底の部分にも半分くらいまで少しずつ切り目を入れ、包丁の背で筋を左右に動かしながらこそぎ抜く。

「しっとり、ねっとり、舌においしさがからみつき、思わず、んーーっと声がもれる。」

ささみのなめろう風

材料（2人分）
鶏ささみ（鮮度がいいもの）
　…2本
みょうが…1個
しょうが…5g
万能ねぎ…3本
A
　みそ…大さじ1
　みりん…小さじ1
大葉…1〜2枚
すだち…1/2個
焼きのり…1枚

作り方
1　ささみは筋を取り、沸騰した湯にくぐらせる。まわりが白くなったら氷水にさっと浸し、水けをしっかりふき取る。
2　1を粗みじん切りにする。
3　みょうが、しょうがはみじん切り、万能ねぎは小口切りにする。
4　Aを合わせ、2と3を加えてあえる。
5　器に大葉を敷き、4を盛ってすだちと焼きのりを添える。

「すだちを搾って、のりで巻いて、さっぱり、さわやか。」

ささみのオイル漬け

材料（2人分）
鶏ささみ…5本
長ねぎ…1/2本
A
　サラダ油…1カップ
　しょうゆ…小さじ1
塩…適量
黒こしょう…少々

作り方
1　長ねぎはみじん切りにし、Aを合わせる。
2　ささみは筋を取り、全体に薄く塩をふって10分ほどおく。
3　鍋にたっぷりの湯を沸かし、2を入れる。火を止め、5分ほどおく。取り出し、水けをしっかりふき取る。
4　密閉容器に3を並べ入れ、1を注いで冷蔵庫で1時間以上味をなじませる。
5　一口大のそぎ切りにして器に盛り、こしょうをふる。

＊　密閉容器に入れ、冷蔵庫で5日間保存可。

密閉容器に入れ、オイル液に浸したまま保存する。

「しっとりとふわふわのW食感。そのまま食べるもよし、麺に、サラダに、サンドイッチにも。」

ささみのキムチユッケ

材料(2人分)
鶏ささみ(鮮度がいいもの)…2本
キムチ…50g
A
　ごま油…大さじ1
　しょうゆ…小さじ1
　みりん…小さじ1
きゅうり…1/2本
サンチュ…1枚
卵黄…1個分
白いりごま…少々

作り方
1　ささみは筋を取り、沸騰した湯にくぐらせる。まわりが白くなったら氷水にさっと浸し、水けをしっかりふき取る。
2　1を一口大のそぎ切りにする。キムチはざく切りにする。
3　Aを混ぜ合わせ、2を加えてさっとあえる。
4　きゅうりはせん切りにする。
5　器にサンチュを敷いて3を盛り、中央に卵黄をのせる。4を添えて白ごまをふる。

「ささみのねっとり感に、白菜キムチのピリ辛と生卵をからめて。おうちユッケはこれに決まりでしょ!」

ささみとセロリのナムル

材料（2人分）
鶏ささみ…2本
セロリ…100g
塩…適量
かつお節…適量
A
　ごま油…大さじ1
　しょうゆ…小さじ1
　みりん…小さじ1
　黒こしょう…少々
　おろしにんにく…小さじ1/2
白いりごま…適量

作り方
1　ささみは筋を取り、全体に薄く塩をふって10分ほどおく。
2　鍋に湯を沸かし、1を入れて火を止める。そのまま5分ほどおいて取り出し、しっかり水けをふいてから手でさく。
3　セロリは筋を取り、薄切りにして塩を軽くふってもむ。出てきた水けはしぼる。
4　Aを合わせ、2と3、かつお節を加えてさっとあえる。
5　器に盛り、白ごまをふる。

「かつお節の香りとうまみが、ささみとセロリのさっぱり感にいい味プラス！」

ささみとわかめのぬた

材料（2人分）
鶏ささみ（鮮度がいいもの）…2本
わかめ（生）…40g
長ねぎ…1/3本
A
　白みそ…大さじ2
　砂糖…大さじ1
　酢…大さじ2
　薄口しょうゆ…小さじ1
　練りがらし…小さじ1/2
花穂しそ…3本

作り方

1. ささみは筋を取り、沸騰した湯にくぐらせる。まわりが白くなったら氷水にさっと浸し、水けをしっかりふき取る。
2. 1を一口大のそぎ切りにする。わかめはざく切りにする。
3. 沸騰した湯で長ねぎをゆで、やわらかくなったら取り出す。しっかり水けをしぼって3cm長さに切る。
4. Aを合わせ、2と3を加えてさっとあえる。
5. 器に盛り、花穂しその実を散らす。

「ささみのしっとりした食感に、白みそのねっとりをからませながら。」

ささみとかぶの梅あえ

ささみといんげんの真砂あえ

ささみ、クレソン、ごまあえ

ささみといんげんの真砂あえ

材料（2人分）
鶏ささみ…2本
いんげん…8本
明太子…1腹
A
　サラダ油…大さじ1
　しょうゆ…小さじ1
　みりん…小さじ1
塩…適量

作り方
1　ささみは筋を取り、全体に薄く塩をふって10分ほどおく。
2　鍋に湯を沸かし、1を入れて火を止める。そのまま5分ほどおいて取り出し、しっかり水けをふいてから手でさく。
3　塩少々を加えた湯でいんげんをゆで、ざるに上げ、水けをきる。ヘタを取って3等分の長さに切る。
4　明太子をほぐし、Aを加えて混ぜ合わせる。
5　4に2と3を加え、さっとあえる。

ささみとかぶの梅あえ

材料（2人分）
鶏ささみ…2本
かぶ…2個
梅干し…2個
A
　サラダ油…大さじ1
　しょうゆ…小さじ1
　みりん…小さじ1
塩…適量

作り方
1　ささみは筋を取り、全体に薄く塩をふって10分ほどおく。
2　鍋に湯を沸かし、1を入れて火を止める。そのまま5分ほどおいて取り出し、しっかり水けをふいてから手でさく。
3　かぶは皮をむき、くし形切りにする。葉は適量を小口切りにする。塩少々をふり、10分ほどおく。しんなりしたらかぶは水けをふき、葉は水けをしぼる。
4　梅干しは種を除き、包丁でたたいてペースト状にし、Aと合わせる。
5　4に2と3を加え、さっとあえる。

ささみ、クレソン、ごまあえ

材料（2人分）
鶏ささみ…2本
クレソン…1わ
A
　黒すりごま…大さじ1
　しょうゆ…大さじ1
　はちみつ…大さじ1
塩…少々

作り方
1　ささみは筋を取り、全体に薄く塩をふって10分ほどおく。
2　鍋に湯を沸かし、1を入れて火を止める。そのまま5分ほどおいて取り出し、しっかり水けをふいてから手でさく。
3　クレソンは葉を摘む。
4　Aを合わせ、2と3を加えてさっとあえる。

「しっとりゆでたささみと野菜のあえ物バリエ。これはお酒が進みます。」

ささみアメリカンドッグ

材料（2人分）
鶏ささみ…4本
A
  ホットケーキミックス…150g
  牛乳…120ml
  マヨネーズ…大さじ1
  塩…ひとつまみ
トマトケチャップ…適量
粒マスタード…適量
揚げ油…適量

作り方
1 ボウルにAを入れ、混ぜ合わせてころもを作る。
2 ささみは筋を取り、縦半分に切って竹串に刺す（写真a）。
3 2を1のころもにくぐらせ、串を回しながらころもをまとわせる。
4 170℃の揚げ油で転がしながら、全体がきつね色になるまで3～4分揚げる。
5 器に盛り、ケチャップをかけて粒マスタードを添える。

a ささみの真ん中に串がくるように刺す。

「ささみもころももふわんふわん。ケチャップとマスタードはマストで！」

ささみフライ

材料（2人分）
- 鶏ささみ…6本
- 塩…少々
- こしょう…少々
- 薄力粉…適量
- A
  - 卵…1個
  - 牛乳…1/4カップ
  - 薄力粉…50g
- 生パン粉…適量
- キャベツ…1/4個
- 貝割れ菜…1/3パック
- レモン…1/4個
- 練りがらし…少々
- ウスターソース…適量
- B
  - マヨネーズ…大さじ4
  - 万能ねぎ（小口切り）…8本
  - 砂糖…ひとつまみ
  - コーン（缶詰）…50g
  - 薄口しょうゆ…小さじ1
  - 黒こしょう…少々
- 揚げ油…適量

作り方
1. キャベツはせん切り、貝割れ菜は3等分の長さに切ってともに水にさらす。ざるに上げ、水けをきる。
2. ささみは筋を取り、塩、こしょうをふって薄力粉をまぶす。
3. Aを混ぜ合わせ、2をくぐらせてパン粉をふんわりまぶしつける。
4. 170℃の揚げ油で3を3分ほど揚げる。
5. 器に盛り、1、レモン、練りがらし、ウスターソース、Bを混ぜ合わせたものを添える。

「コーン入りのタルタルソースで食べる、ふわサクッの新食感。」

ささみのサルサソース

材料（2人分）
鶏ささみ（鮮度がいいもの）…2本
トマト…1/2個
きゅうり…1/3本
玉ねぎ…1/6個
ピーマン…1/2個
A
　オリーブオイル…大さじ2
　レモン汁…大さじ1
　タバスコ…小さじ1/2
　塩…小さじ1
　黒こしょう…ひとつまみ

作り方
1　ささみは筋を取り、沸騰した湯にくぐらせる。まわりが白くなったら氷水にさっと浸し、水けをしっかりふき取る。
2　1を一口大のそぎ切りにし、器に並べて軽く塩（分量外）をふる。
3　トマト、きゅうり、玉ねぎ、ピーマンは1cm弱の角切りにし、Aと合わせる。
4　2に3をまわしかける。

「きゅうり、トマト、玉ねぎのフレッシュなソースで、しっとり食感のささみをさわやかに味わう。」

第6章 鶏ささみ

ささみの太巻き

材料（2人分）
鶏ささみ…2本
塩…少々
卵…3個
A
　だし汁…大さじ3
　砂糖…大さじ1 1/2
　薄口しょうゆ…小さじ1
サラダ油…大さじ1
きゅうり…1本
ご飯…300g

B
　酢…大さじ2 1/2
　砂糖…大さじ1
　塩…小さじ1
焼きのり…2枚
桜でんぶ…30g
しょうがの甘酢漬け（市販のもの）
　…適量

作り方
1　ささみは筋を取り、全体に薄く塩をふって10分ほどおく。
2　鍋に湯を沸かし、1を入れて火を止める。そのまま5分ほどおいて取り出し、水けをしっかりふいてから手でさく。
3　ボウルに卵を割り入れ、Aを加えて混ぜ合わせる。卵焼き器に油を熱し、卵焼きを焼いて1cm角の棒状に切る。
4　きゅうりは縦4等分に切り、種を取り除く。
5　炊きたてのご飯にBを加え、さっくり混ぜ合わせる。
6　のりに5の半量を広げ、2、3、4と桜でんぶを半量ずつのせて巻く（写真a）。残りも同様に作る。
7　一口大に切って器に盛り、しょうがの甘酢漬けを添える。

ご飯はのり全体の3/4くらいを目安に広げる。ささみは適当な大きさにさいたものを一列に並べる。

「そうです。ささみは太巻きにしても合うんです。このうまさは、あっさりしていて何をも受け入れるささみだからこそのなせる業。」

第7章 レバー、ハツ、砂肝

なかなか手を出しにくい
レバー、ハツ、砂肝。
実はこれこそが
安くておいしい料理になる
天才的な部位でもある。
下処理と、調理のポイントさえ
押さえれば、簡単。
鶏の隠れたうまみをも堪能できるし、
ここをクリアしてこそ鶏名人となる。

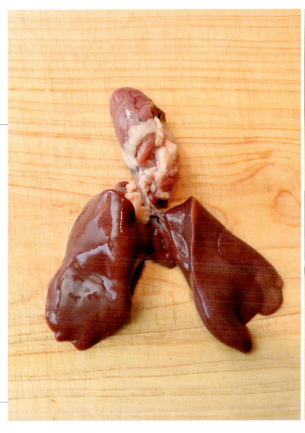

◎レバーの下処理

1 レバーとハツはこのような状態になっている。下の両脇がレバーで、上がハツ。

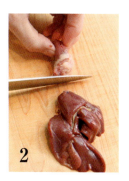

2 レバーとハツを切り離す。

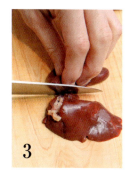

3 2つのレバーも切り離す。

4 血合いを除き、脂と切り分ける。脂の部分は「つなぎ」と呼ばれるもの。

5 レバーが2つと「つなぎ」が取れた。

*つなぎは家庭では捨てても良いが、串をさして焼くこともできる。レバーは小さい方がややかためなので串にさして焼いたりする場合適している。大きい方はつぶしてパテにするようなものに向いている。

◎ハツの下処理

6 ハツもまわりの余分な脂を取り除き、

7 血合いを取り除く。

8 レバーとつながっていた際についていたハツの下部分の脂も「つなぎ」。

9 ハツの中央に切り目を入れて開き、中の血合いも取り除く。

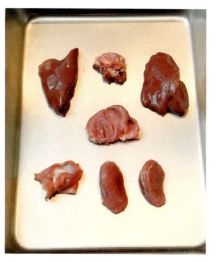

レバー、ハツの下処理後の状態。

◎砂肝の下処理

1 砂肝は中央の「銀皮」と呼ばれる白い部分がかたいので、

2 砂肝を返して銀皮部分をまな板に押し付け、

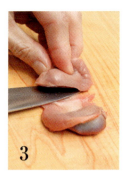

3 銀皮になるべく身がつかないようにして包丁でそぐ。

4 砂肝の片側を銀皮から切り離したところ。

5 もう片側も同様にそぐ。

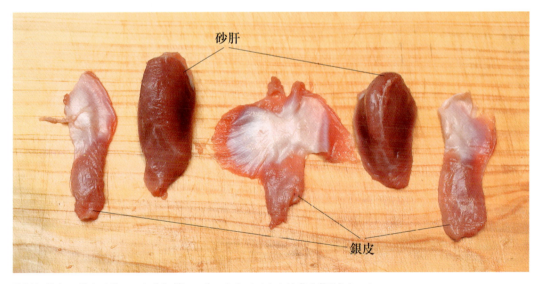

砂肝と銀皮。銀皮は捨ててしまわずに、さっとゆでてから甘辛く煮るとおいしい。

◎レバーの調理ポイント

レバーは牛乳に浸して臭みを取る。

弱火で火を通すことでしっとり仕上がる。強火は厳禁。

◎ハツの調理ポイント

ハツは静かに火を入れるとやわらかく仕上がる。

◎砂肝の調理ポイント

さっと炒めてコリコリ感を味わうのにも向いている部位。

揚げる際は、全体に切り込みを入れるといい。

第7章 レバー、ハツ、砂肝

レバーしょうゆ煮

材料（2人分）
鶏レバー…300g
牛乳…1/2カップ
A
　酒…1/2カップ
　しょうゆ…1/2カップ
　みりん…1/4カップ
　きび砂糖…50g
黒こしょう…少々
柚子の皮…少々

作り方
1　レバーは血のかたまりや余分な脂を取り除き（P.161参照）、牛乳に20分ほどつける（写真a）。
2　鍋に湯を沸かし、1の水けをふいてさっとくぐらせる。表面が白っぽくなったら引き上げ、水でさっと洗って水けをしっかりきり、一口大に切る。
3　別の鍋にAを入れ、火にかける。煮立ったら2を加える（写真b）。再び煮立ったら弱火にして10分ほど煮る。火を止め、そのまま冷ます。
4　器に盛り、こしょうをふって柚子の皮を添える。

牛乳につけて臭みを取る。

煮立ったところに下ゆでしたレバーを加え、再び煮立ったら弱火にしてじんわり火を入れる。数回に分けて火入れをすることでしっとり仕上がり、味もしっかり入る。

「ご飯の供にも、酒の肴にもなる懐の深さ。柚子皮と黒こしょうで仕上げのアクセントを。」

レバー、ピーマン炒め

材料（2人分）
鶏レバー…200g
牛乳…1/2カップ
薄力粉…適量
玉ねぎ…1/2個
ピーマン…4個
A
　酒…大さじ1
　しょうゆ…大さじ1
　みりん…大さじ1
黒こしょう…少々
サラダ油…大さじ1

作り方
1　レバーは血のかたまりや余分な脂を取り除き（P.161参照）、牛乳に20分ほどつける（P.163参照）。水でさっと洗い、水けをしっかりきる。一口大に切り、薄力粉をまぶす。
2　玉ねぎは薄切り、ピーマンは縦4等分に切る。
3　フライパンに油を熱し、1を炒める。色が変わったら2を加えてさっと炒め合わせる。
4　Aを加えて炒め合わせ、器に盛り、こしょうをふる。

「あえて生っぽく仕上げたピーマンの青々しさがレバーによく合うのだ。」

砂肝長芋炒め

材料（2人分）
砂肝…200g
さやいんげん…4本
長芋…150g
薄力粉…適量
A
　酒…大さじ1
　しょうゆ…大さじ1
　みりん…大さじ1
　柚子こしょう…小さじ1/3
かつお節…適量
サラダ油…大さじ2

作り方
1. 砂肝は下処理し（P.162参照）、一口大に切る。いんげんは3等分の長さに切る。
2. 長芋は1cm角の拍子木切りにし、薄力粉をまぶす。
3. フライパンに油を熱し、2を焼き色がつくまで焼く。
4. 3に1を加え、炒め合わせる。砂肝の色が変わったらAを加え、炒め合わせる。
5. 器に盛り、かつお節を散らす。

「薄力粉をまぶして焼いた長芋のホクホク感と柚子こしょうが砂肝を引き立てる。」

第7章 レバー/ハツ/砂肝

レバーのバルサミコソテー

材料（2人分）
鶏レバー…200g
牛乳…1/2カップ
塩、黒こしょう…各少々
薄力粉…適量
マッシュルーム…4個
バター…20g
A
　バルサミコ酢…大さじ2
　赤ワイン…大さじ2
　しょうゆ…大さじ1
　みりん…大さじ1
　砂糖…小さじ1
万能ねぎ（小口切り）…3本

作り方
1. レバーは血のかたまりや余分な脂を取り除き（P.161参照）、牛乳に20分ほどつける（P.163参照）。水でさっと洗い、水けをしっかりきり、一口大に切る。塩、こしょうをし、薄力粉をまぶす。
2. マッシュルームは4等分に切る。
3. フライパンにバターを入れ、火にかける。溶けてきたら1と2を加え、炒める。
4. 火が通ったらAを加え、煮からめる（写真a）。
5. 器に盛り、万能ねぎを散らす。

レバーとマッシュルームにしっかりとからめる。

「レバーのコクを、バルサミコ酢と赤ワインでしっかりひとまとめに。」

砂肝にんにく炒め

材料（2人分）
砂肝…200g
にんにく…1個
万能ねぎ…5本
A
　酒…大さじ1
　しょうゆ…大さじ1
　みりん…大さじ1
黒こしょう…少々
サラダ油…大さじ1

作り方
1　砂肝は下処理し（P.162参照）、一口大に切る。万能ねぎは5cm長さに切る。
2　にんにくは皮をむいて小房に分ける。大きければ半分に切る。
3　フライパンに油を熱し、弱火で2をじっくり炒める。香りが出てきたら1を加え（写真a）、炒め合わせる。
4　砂肝の色が変わったらAを加え、炒め合わせる（写真b）。
5　器に盛り、こしょうをふる。

にんにくの香りを立たせてから砂肝を加え、香りを砂肝にしっかり移す。

調味料を加えたら手早く炒め合わせる。

「砂肝のコリコリ、にんにくのホクホクで、やめられない止まらない系。」

ハツ、もやし炒め

材料（2人分）
- ハツ…200g
- もやし…1パック
- ピーマン…1個
- にんじん…30g
- A
  - 酒…大さじ1
  - オイスターソース…大さじ2
  - みりん…大さじ1
- 黒こしょう…少々
- サラダ油…大さじ2

作り方
1. ハツは下処理して（P.161参照）、一口大に切る。
2. ピーマンとにんじんは細切りにする。
3. フライパンに油を熱し、1を炒める。色が変わったらもやしと2を加え、炒め合わせる。
4. 野菜がしんなりしたらAを加え、さっと炒め合わせる。
5. 器に盛り、こしょうをふる。

「ハツの弾力とうまみを楽しむ、野菜炒め。オイスターソースでコクもプラス。」

ハツ、きのこ みそ炒め

材料（2人分）
- ハツ…200g
- しめじ…1パック
- まいたけ…1パック
- 長ねぎ…1/2本
- A
  - 酒…大さじ2
  - みそ…大さじ1
  - みりん…大さじ1
  - 砂糖…小さじ1
  - しょうゆ…小さじ1
- 一味唐辛子…少々
- サラダ油…大さじ2

作り方
1. ハツは下処理して（P.161参照）、一口大に切る。
2. しめじとまいたけは石づきを落とし、根元をほぐす。
3. 長ねぎは斜め薄切りにする。
4. フライパンに油を熱し、1を炒める。色が変わったら2と3を加えて炒める。きのこがしんなりしたらAを合わせて加え、さっと炒め合わせる。
5. 器に盛り、一味唐辛子をふる。

「みそでコクを、きのこでだしをプラスしてハツのうまみを盛り上げる。」

冷製レバニラ

材料（2人分）
鶏レバー…200g
にら…1/2わ
牛乳…1/2カップ
A
　だし汁…2カップ
　しょうゆ…大さじ2
　みりん…大さじ2
　砂糖…大さじ1
おろしにんにく…小さじ1/2
温泉卵…2個
一味唐辛子…少々

作り方
1　レバーは血のかたまりや余分な脂を取り除き（P.161参照）、牛乳に20分ほどつける（P.163参照）。水でさっと洗い、水けをしっかりきり、一口大に切る。
2　にらは5cm長さに切る。
3　鍋にAを入れ、火にかける。煮立ったら1、2、おろしにんにくを加える。再び煮立ったら弱火にし、5分ほど煮る。火を止め、そのまま冷ます。粗熱が取れたら冷蔵庫で冷やす。
4　器に盛り、温泉卵を添え、一味唐辛子をふる。

「しっとりレバーに、にんにくとにらでパンチをきかせつつ、あえての冷製。」

砂肝唐揚げ

材料（2人分）
砂肝…200g
A
　酒…大さじ1
　おろしにんにく…小さじ1/2
　塩…小さじ1
　黒こしょう…少々
片栗粉…適量
レモン…1/4個
マヨネーズ…適量
七味唐辛子…適量
揚げ油…適量

作り方
1　砂肝は下処理し（P.162参照）、包丁で切れ目を入れる。Aをもみ込み、10分ほどおく。
2　1の汁けをきり、片栗粉をまぶす。
3　170℃の揚げ油で1～2分揚げる（写真a）。
4　器に盛り、レモン、マヨネーズ、七味唐辛子を添える。

砂肝は途中、空気を含ませるように油を混ぜながら揚げるとからりと揚がる。

「なんといってもこの歯ごたえと食感がいいのだ。もちろん、ビールとともに！」

第7章 レバー、ハツ、砂肝

ハツの一口フライ

材料（2人分）
ハツ…200g
塩、こしょう…各少々
薄力粉…適量
A
　卵…1個
　牛乳…1/4カップ
　薄力粉…50g
生パン粉…適量
B
　はちみつ…大さじ2
　コチュジャン…小さじ1
　酢…小さじ1
　しょうゆ…小さじ2
レタス…1枚
レモン…1/4個
揚げ油…適量

作り方
1　ハツは下処理して（P.161参照）、塩、こしょうをして薄力粉をまぶす。
2　Aを合わせ、1をくぐらせてふんわりとパン粉をつける。
3　170℃の揚げ油で2を2〜3分揚げる（写真a）。
4　器にレタスを敷き、3を盛る。レモンと混ぜ合わせたBを添える。

ハツは空気を含ませるように油を混ぜながら揚げる。

「はちみつとコチュジャンの甘辛ソースでサクサクころもと弾力あるハツを味わう。」

第7章 レバー、ハツ

レバームース

材料（2人分）
鶏レバー…150g
牛乳…1/2カップ
玉ねぎ…1/4個
にんにく…1かけ
塩…少々
こしょう…少々
サラダ油…大さじ1
A
  酒…大さじ1
  ブランデー…小さじ1
バター…50g
しょうゆ…大さじ1
クレソン…1/2わ
ラディッシュ…2個
フランスパン…適量

作り方
1. レバーは血のかたまりや余分な脂を取り除き（P.161参照）、牛乳に20分ほどつける（P.163参照）。
2. 玉ねぎとにんにくは薄切りにする。
3. 1の水けをふき、全体に塩をふる。
4. フライパンに油を熱し、2を弱火でじっくり炒める。いい香りがしてきたら3を加えて火が通るまで炒める。
5. 4にAを加えてひと煮し（写真a）、アルコール分を飛ばして火を止める。そのまま冷ます。
6. フードプロセッサーで5をペースト状にする。室温に戻しておいたバターを少しずつ加え、さらに撹拌する。
7. 滑らかになったらしょうゆを加えて混ぜ合わせ、密閉容器に移し入れて冷蔵庫で冷やす。
8. スプーンですくって器に盛り、こしょうをふる。クレソンとラディッシュ、パンを添える。

a 酒とブランデーをそれぞれ加えて、レバー独特のにおいを消すと同時に香りづけする。

「香りづけのブランデーと仕上げのしょうゆがうまさの秘密。とにかく軽くてふわふわ！」

レバーコンフィ

材料（2人分）
鶏レバー…300g
牛乳…1/2カップ
塩、こしょう…各少々
しょうが…10g
ローリエ…2枚
オリーブオイル…2 1/2カップ
粒マスタード…少々
ミニトマト…4個
チコリ…適量

作り方
1 レバーは血のかたまりと余分な脂を取り除き（P.161参照）、牛乳に20分ほどつける（P.163参照）。
2 しょうがはせん切りにする。
3 1の水けをふき取り、一口大に切り、塩、こしょうをする。
4 鍋にオリーブオイル大さじ1を熱し、3を両面焼く。
5 4に残りのオリーブオイル、ローリエ、2を加え、弱火で15分ほど煮る（写真a）。そのまま鍋中で冷ます。
6 器に盛り、粒マスタード、半分に切ったミニトマト、チコリを添える。

オイルでレバーを煮るイメージで、弱火でじっくり火を入れる。

「炒めてから、オリーブオイルで煮てうまみを閉じ込める。しっとり、濃厚です。」

砂肝の中華風マリネ

材料（2人分）
砂肝…200g
塩…大さじ1
A
　水…2 1/2カップ
　酒…大さじ3
長ねぎ…1/3本
にんじん…30g
貝割れ菜…1/2パック

B
　ごま油…大さじ2
　酢…大さじ2
　しょうゆ…大さじ2
　砂糖…大さじ1
　おろししょうが…小さじ1
白いりごま…適量
一味唐辛子…少々

作り方
1 砂肝は下処理し（P.162参照）、一口大に切る。塩をもみ込み、15分ほどおく。
2 鍋にAを入れ、火にかける。沸いたら1を入れ、40分ほどゆでる。
3 長ねぎは薄切り、にんじんはせん切り、貝割れ菜は半分の長さに切る。
4 2と3の水けをきり、ボウルに入れる。Bを合わせて加え、あえる。冷蔵庫で1時間以上なじませる。
5 器に盛り、ごまと一味唐辛子をふる。

「噛めば噛むほどにおいしい砂肝独特のうまみと、程よい酸味でおいしさW演出。」

砂肝 山椒しょうゆ漬け

材料(2人分)
砂肝…200g
A
　水…2 1/2カップ
　酒…大さじ3
実山椒(粗く刻む)…大さじ1
B
　しょうゆ…1/2カップ
　だし汁…1/2カップ
　砂糖…大さじ1 1/2
大根おろし…適量
すだち…1/2個

作り方
1. 砂肝は下処理し(P.162参照)、一口大に切る。
2. 鍋にAを入れ、火にかける。沸いたら1を加えて40分ほどゆでて水けをきる。
3. 平らな容器に実山椒とBを合わせ入れ、2を漬けて1時間以上味を含ませる。
4. 器に盛り、大根おろしとすだちを添える。

「弱火でじっくりゆでてから味を含ませるだけ。大根おろしでさっぱり、山椒でピリッ。」

ハッピータン

材料（2人分）
ハツ…200g
塩…大さじ1
A
  水…2 1/2カップ
  酒…大さじ3
ピータン…1個
万能ねぎ…3本
B
  サラダ油…大さじ2
  しょうゆ…大さじ1
  酢…大さじ1
  砂糖…小さじ1
  一味唐辛子…少々
トマト…1/2個
白いりごま…少々

作り方
1 ハツは下処理して（P.161参照）一口大に切り、塩をもみ込んで10分ほどおく。
2 鍋にAを入れ、火にかける。沸いたら1を入れ、10分ほど煮る（写真a）。
3 ピータンは粗く刻む。万能ねぎは小口切りにする。
4 3とBをさっくり混ぜ合わせる。
5 器に2、薄切りにしたトマトを盛り合わせ、4をかけてごまをふる。

静かに火を入れることでしっとりやわらかな食感に。

「ピータンをまとったハツだから"ハッピータン"。口当たりまろやか〜。」

index

（調理法別・五十音順）

揚げて、漬ける
手羽南蛮漬け　112

揚げる
かき揚げ　23
関西風チューリップ唐揚げ　96
コーンフレーク揚げ　22
ささみアメリカンドッグ　154
ささみフライ　156
砂肝唐揚げ　176
手綱揚げ　19
チキンカツ　和風デミソース　48
チキンスティック　108
チキン南蛮　いぶりがっこタルタル　44
チキン南蛮　梅塩昆布タルタル　47
チキン南蛮　らっきょうカレータルタル　46
チューリップ　大葉ごろも揚げ　99
チューリップ唐揚げ　96
チューリップ　とろろごろも揚げ　98
手羽先　お餅詰め　107
手羽先　赤飯詰め　106
手羽元　チューリップ唐揚げ　100
手羽元　チューリップ　岩石揚げ　103
手羽元　チューリップ　モッツァレラフライ　102
鶏唐　香り野菜風味　塩レモン添え　40
鶏唐　シナモン風味　バナナ添え　41
鶏唐　長芋おろし　43
鶏唐　みそ風味　42
鶏せんべい　18
鶏もも鬼唐揚げ　38
のり巻き揚げ　20
ハツの一口フライ　178
ポテトコロッケ　136

炒めて、冷やす
レバームース　180

炒める
砂肝長芋炒め　167
砂肝にんにく炒め　170
そぼろきゅうり炒め　120
そぼろトマト卵炒め　124
鶏ゴーヤーチャンプルー　24
鶏じゃがせん切りカレー炒め　26
鶏そぼろオムレツ　137
鶏なす大葉炒め　30
鶏にら炒め　28
鶏レタス炒め　29
なす、塩昆布、そぼろ炒め　121
ハツ、きのこ　みそ炒め　173
ハツ、もやし炒め　172
卵白入りふわふわ炒め　125
レバー、ピーマン炒め　166

ご飯もの
きじ焼き丼　73
鶏飯　72
ささみの太巻き　158
シンガポール風　チキンライス　76
チキングラタン　74
鶏まん　132

炊く
シンガポール風　チキンライス　76

漬けて、焼く

鶏のみそ漬け　17

漬けて、ゆでる

笠原風 サラダチキン　10
サラダチキン 赤玉ねぎパプリカサラダ　13
サラダチキン ガリきんぴらあえ　15
サラダチキン 黄身酢がけ　14
サラダチキン グレープフルーツいちごマリネ　16
サラダチキン ししとうじょうゆがけ　15
サラダチキン 春菊サラダ　12
鶏ハム　58

包む、はさむ、詰める

スタッフドチキン　90
手羽先 お餅詰め　107
手羽先 赤飯詰め　106
手羽元 チューリップ 岩石揚げ　103
手羽元 チューリップ モッツァレラフライ　102
鶏えびワンタン　126
鶏きのこしゅうまい　128
鶏高菜白玉団子　134
鶏まん　132
ローストチキン　88
和風参鶏湯　84

煮る

鶏飯　72
しっとりそぼろ　118
チューリップ照り煮　104
清湯スープ　86
鶏えびワンタン　126
鶏豆腐　60
鶏みそ煮込み　66
鶏むね治部煮　34
白湯スープ　87
冷製レバニラ　174
レバー しょうゆ煮　164
和風参鶏湯　84

蒸す

塩蒸し チューリップ　110
鶏きのこしゅうまい　128
鶏まん　132

焼いて、漬ける

手羽先 根菜レーズンマリネ　113

焼いて（炒めて）、煮る

きじ焼き丼　73
げんこつ鶏団子クリーム煮　130
砂肝入りコリコリそぼろ　118
手羽先梅煮　114
鶏かぼちゃ田舎煮　64
鶏けんちん汁　65
鶏ごぼう黒酢炒め煮　25
鶏大根塩煮　62
鶏チリ　32
鶏豆腐カレー　138
鶏二身焼き　68
鶏もも　南蛮焼き　70
八幡巻き　赤パプリカトマトソース　56
八幡巻き　梅じそみょうが　54
八幡巻き　ごぼう山椒だれ　52
八幡巻き　春菊ごまあえ　53
八幡巻き　セロリ　白ワインバターソース　57
八幡巻き　万能ねぎ　50
レバーコンフィ　182
レバーのバルサミコソテー　168

焼く

スタッフドチキン　90
チキングラタン　74
鶏そぼろ　ぎせい豆腐　122
ローストチキン　88

ゆでて、漬ける（あえる）

ささみ　揚げごぼう万能ねぎサラダ　143
ささみ、クレソン、ごまあえ　152
ささみといんげんの真砂あえ　152
ささみとかぶの梅あえ　152
ささみとセロリのナムル　150
ささみとわかめのぬた　151
ささみのオイル漬け　147
ささみのキムチユッケ　148
ささみのなめろう風　146
ささみ　白菜サラダ　142
砂肝　山椒しょうゆ漬け　185
砂肝の中華風マリネ　184
鶏わさ　144

ゆでる

ささみのサルサソース　157
ささみの太巻き　158
鶏高菜白玉団子　134
ハツピータン　186

笠原将弘
かさはら まさひろ

東京・恵比寿にある日本料理店「賛否両論」店主。1972年東京生まれ。実家は東京・武蔵小山で焼き鳥店「とり将」を営み、幼少の頃より父親に料理のセンスを磨かれる。高校卒業後「正月屋吉兆」で9年間修業、父の死をきっかけに「とり将」を継ぐ。2004年、「とり将」が30周年を迎えたのを機に、いったんクローズ。東京・恵比寿に"賛否両論出ることを覚悟で"オーナーシェフとして「賛否両論」オープン。瞬く間に予約の取れない人気店になる。テレビをはじめ、雑誌連載、料理教室から店舗プロデュース、イベントなどで幅広く活躍。2013年9月に「賛否両論」名古屋店を開店。2014年6月、東京・広尾に「賛否両論メンズ館(現「賛否両論 はなれ」)」を開店。著書に『鶏大事典』『「賛否両論」笠原将弘のきほんの和食』『賛否両論 おもてもてなし うらもてなし』(いずれも小社刊) など多数。

「賛否両論」
東京都渋谷区恵比寿2-14-4
TEL 03-3440-5572
http://www.sanpi-ryoron.com/

Staff
デザイン　中村善郎(yen)
撮影　日置武晴
スタイリング　池水陽子
校正　麦秋アートセンター
編集　赤澤かおり

賛否両論 笠原将弘　超・鶏大事典
さんぴりょうろん かさはらまさひろ　ちょう とりだいじてん

2019年4月27日　初版発行

著者／笠原 将弘
　　　かさはら まさひろ

発行者／川金 正法

発行／株式会社KADOKAWA
〒102-8177　東京都千代田区富士見2-13-3
電話　0570-002-301(ナビダイヤル)

印刷所／凸版印刷株式会社

本書の無断複製(コピー、スキャン、デジタル化等)並びに
無断複製物の譲渡及び配信は、著作権法上での例外を除き禁じられています。
また、本書を代行業者などの第三者に依頼して複製する行為は、
たとえ個人や家庭内での利用であっても一切認められておりません。

KADOKAWAカスタマ サポート
[電話] 0570-002-301 (土日祝日を除く11時～13時、14時～17時)
[WEB] https://www.kadokawa.co.jp/ (「お問い合わせ」へお進みください)
※製造不良品につきましては上記窓口にて承ります。
※記述・収録内容を超えるご質問にはお答えできない場合があります。
※サポートは日本国内に限らせていただきます。

定価はカバーに表示してあります。
©MASAHIRO KASAHARA 2019 Printed in Japan
ISBN 978-4-04- 896412-8 C0077